胡适作品系列

胡适作品系列

中国文艺复兴：
胡适演讲集（一）

北京大学出版社
PEKING UNIVERSITY PRESS

图书在版编目（CIP）数据

中国文艺复兴：胡适演讲集（一）/胡适著．—北京：北京大学出版社，2013.8

（胡适作品系列）

ISBN 978-7-301-22200-3

Ⅰ.①中… Ⅱ.①胡… Ⅲ.①胡适（1891～1962）-演讲-文集 Ⅳ.①C52

中国版本图书馆 CIP 数据核字（2013）第 030480 号

| 书　　　名：中国文艺复兴：胡适演讲集（一）
| 著作责任者：胡　适　著
| 责 任 编 辑：任　慧
| 标 准 书 号：ISBN 978-7-301-22200-3/I·2596
| 出 版 发 行：北京大学出版社
| 地　　　址：北京市海淀区成府路 205 号　100871
| 网　　　址：http://www.pup.cn　新浪官方微博：@北京大学出版社
| 电 子 信 箱：pkuwsz@126.com
| 电　　　话：邮购部 62752015　发行部 62750672
| 　编辑部 62756467　出版部 62754962
| 印　刷　者：北京中科印刷有限公司
| 经　销　者：新华书店
| 　890 毫米×1240 毫米　32 开本　8.875 印张　160 千字
| 　2013 年 8 月第 1 版　2021 年 5 月第 5 次印刷
| 定　　　价：49.00 元

未经许可，不得以任何方式复制或抄袭本书之部分或全部内容。
版权所有，侵权必究
举报电话：010-62752024　电子信箱：fd@pup.pku.edu.cn

1910年9月胡适在康奈尔大学农科求学。

1961年12月17日,胡适71岁生日留影。

胡适与长子胡祖望合影,胡适题赠给杜威夫妇。
题词中,称他的儿子是"小胡适"。

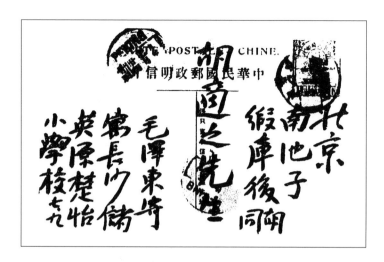

1920年7月9日毛泽东写给胡适的明信片。

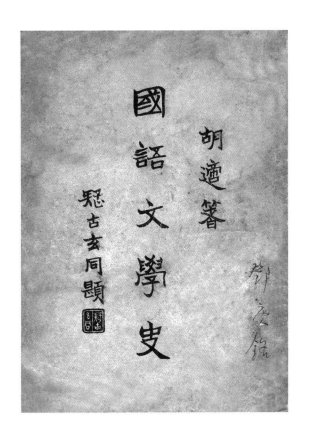

1927年4月北京文化学社出版的《国语文学史》,封面有钱玄同题签。

1959年1月7日，胡适应台湾大学华侨同学会邀请作演讲。

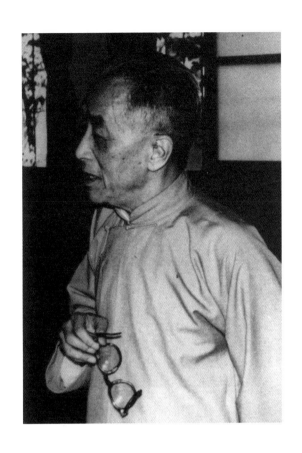

1962年2月24日,胡适主持中研院第五次院士会议后的酒会。在与宾客握手告别时与世长辞,这是胡适最后的身影。

出版说明

　　胡适是二十世纪中国最具国际声誉的学者、思想家和教育家。他在文、史、哲等学科都取得了巨大的成就，是"五四"以来影响中国文化学术最深的历史人物。他活跃于社会政治领域，是中国自由主义最具诠释力的思想家。胡适在北京大学从事教学工作长达十八年，曾任北京大学文学院院长、校长等职。他对北大情有独钟，遗嘱中交代将他留在大陆的书籍和文件捐赠给北大图书馆。为反映这位文化巨人一生博大精深的文化建树，本社在北大百年校庆的1998年曾隆重推出一套大型胡适作品集——《胡适文集》(12册)，对所收作品均作了文字订正和校勘，其中有一部分作品，采用了胡适本人后来的校订本或北大的收藏本，具有很高的文献价值，受到学界和广大读者的欢迎。

　　因文集早已售缺，多年来，一直有要求重印的呼声。此次重印，此套书的编者欧阳哲生先生又精心做了许多工作，包括对照已出各种版本的优长，重核胡适本人原始和修订版的文字等，力求呈现最接近大师本人原意的文字面貌。为方便读者阅读，我们从《胡适文集》之中精选部分内容，另外推出"胡适作品系列"。

胡适曾说，哲学是他的职业，文学是他的兴趣，政治是他的义务。演讲应是他传达思想信念的工具。胡适早在康奈尔大学二年级时就选修演讲技巧的课程，自此培养出对演说的兴趣，开始了长达四五十年的讲演生涯。胡适是一位擅长演讲的大师，梁实秋称誉胡适的演讲具有"邱吉尔风度"，他的演讲题材从说教的人生意义话题，到枯燥的学术问题辨析，从敏感的政治文化热点问题，到冷僻的个案研究介绍，胡适都能通过一场生动、通俗的演讲，打动周围的听众，使听过他讲话的人对他永生难忘。本书主要收录与文学、历史有关的演讲、谈话记录或讲稿。

由于所处环境不同，研究视角与方法不同，本书对某些具体问题的描述和解释，与通行说法有不尽相同之处，对这些说法，我们未作删改，这并不代表我们完全同意作者的说法，请读者在阅读时认真鉴别。本书的人名、地名、标点等，有的与现行用法不同，为保存原貌，亦未加修改。

限于编辑水平，难免存在错漏之处，欢迎读者多提宝贵意见。

北京大学出版社
2013年5月

目 录

治学方法	/ 1
新文学运动之意义	/ 54
中国文学过去与来路	/ 65
四十年来的文学革命	/ 72
陈独秀与文学革命	/ 75
中国文学史的一个看法	/ 82
中国历史的一个看法	/ 87
中国传统与将来	/ 97
中国文艺复兴	/ 116
白话文运动	/ 121
提倡白话文的起因	/ 127
什么是"国语的文学"、"文学的国语"	/ 135
提倡拼音字	/ 144
传记文学	/ 148
白话文的意义	/ 167

谈《红楼梦》作者的背景　　　　　　　　　　/ 179

《水经注》考　　　　　　　　　　　　　　　/ 182

研究国故的方法　　　　　　　　　　　　　　/ 195

再谈谈整理国故　　　　　　　　　　　　　　/ 200

中国近一千年是停滞不进步吗？　　　　　　　/ 206

考证学方法之来历　　　　　　　　　　　　　/ 212

搜集史料重于修史　　　　　　　　　　　　　/ 221

中国古代政治思想史的一个看法　　　　　　　/ 226

历史科学的方法　　　　　　　　　　　　　　/ 250

中国再生时期　　　　　　　　　　　　　　　/ 254

治学方法

第一讲　引言

钱校长，各位先生，各位同学：

今天我感觉到很困难，因为当初我接受钱校长与刘院长的电报到台大和师院作学术讲演，我想总是在小屋子里面，只有二三十人，顶多一百人，可以有问有答；在小规模的讲堂里面，还可以有黑板写写字，这样子才可以作一种学术讲演。今天来到这么一个广场里面作学术讲演，的确是生平第一次，一定有许多话给先生们听了觉得太浅，同学们又觉得没有黑板写下来，不容易知道。我的南腔北调的官话依然咬不清楚，一定使大家很失望，所以先要道歉！

当时我收到钱校长与刘院长的电报，我想了几天，我以为他们两位另外有一封详细的信告诉我：是两个学校分开还是合起来讲？是小讲堂还是大讲堂？当时的确没有想到在广场讲演。等了两个星期，他们没有信来，我自动打电报给他们两位；我提出两个题目：在台大讲"治学方法"，在师院讲"杜威哲学"。

杜威先生是我的老师，活了九十多岁，今年才过去。我们一般学生觉得，在自由中国应该有一个机会纪念他，所以杜威哲学这个题目，是当作一个纪念性。

今天讲治学的方法，其实也是带纪念性的。我感觉到台大的故校长——傅斯年先生，他是一个最能干，最能够领导一个学校，最能够办事的人。他办过中央研究院，历史语言研究所。他也在我之先代理过北大校长一年；不是经过那一年，我简直没有办法。后来做台大校长，替台大定下很好的基础。他这个人，不但是国家的一个人，他是世界上很少见的一个多方面的天才。他的记忆力之强更是少有的。普通记忆力强的人往往不能思想；傅先生记忆力强，而且思考力非常敏锐，这种兼有记忆力与思考力的人，是世界上少见的。同时，能够做学问的人不见得能够办事，像我这样子，有时候可以在学问上做一点工作，但是碰到办事就很不行。钱校长说我当北大校长，还可以做研究的工作，不是别的，只因为我不会办事。我做校长，完全是无为而治；一切事都请院长、教务长、训导长去办，我从来不过问学校的事；自己关起门来做学问。傅先生能够做学问而又富有伟大的办事能力；像这种治学方法同办事能力合在一块，更是世界上少见的。因为傅先生同我是多年的同事，多年的朋友；同时在做学问这一条路上，我们又是多年的同志。所以我今天在台大来讲治学方法，也可以说是纪念这个伟大而可惜过去得太早的朋友。

我到台大来讲治学方法，的确是很胆怯；因为我在国内教育界服务几十年，我可以告诉台大的同学们：现在台大文史的部门，就是从前在大陆没有沦陷的时候也没有看见过有这样集中的人才。在历史、语言、考古方面，傅先生把历史语言研究所的人才都带到这里来，同台大原有的人才，和这几年来陆续从大陆来的人才连在一块，可以说是中国几十年来办大学空前的文史学风。我很希望，不但在文学院历史学系、语言学系、考古学系的同学们要了解台大文史人才的集中是大陆沦陷以前从来没有过的情形，更希望台大各院各系的同学都能够明了，都能够宝贵这个机会，不要错过这个机会。就是学医、学农、学工、学法律、学社会科学的，都可以利用这个机会来打听打听这许多文史方面领袖的人才是怎样讲学，怎样研究，怎样在学问方面做工作。我不是借这个机会替台大做义务广告，我实在觉得这样的机会是很可宝贵的，所以希望诸位能够同我一样了解台大现在在文史方面的领导地位。

我看到讲台前有许多位文史方面的老朋友们,我真是胆怯,因为我不是讲天文学、地质学、物理、化学,是在文史方面讲治学方法。在诸位先生面前讲这个题目真是班门弄斧了。

我预备讲三次:第一次讲治学方法的引论,第二次讲方法的自觉,第三次讲方法与材料的关系。

今天我想随便谈谈治学的方法。我个人的看法,无论什么科学——天文、地质、物理、化学等等——分析起来,都只有一个治学方法,就是做研究的方法。什么是做研究呢?就是说,凡是要去研究一个问题,都是因为有困难问题发生,要等我们去解决它;所以做研究的时候,不是悬空的研究。所有的学问,研究的动机和目标是一样的。研究的动机,总是因为发生困难,有一个问题,从前没有看到,现在看到了;从前觉得没有解决的必要,现在觉得有解决的必要的。凡是做学问、做研究,真正的动机都是求某种问题某种困难的解决;所以动机是困难,而目的是解决困难。这并不是我一个人的说法,凡是有做学问做研究经验的人,都承认这个说法。真正说起来,做学问就是研究;研究就是求得问题的解决。所有的学问,做研究的动机是一样的,目标是一样的,所以方法也是一样的。不但是现在如此;我们研究西方的科学思想，科学发展的历史，再看看中国二千五百年来凡是合于科学方法的种种思想家的历史，知道古今中外凡是在做学问做研究上有成绩的人，他的方法都是一样的。古今中外治学的方法是一样的。为什么是一样呢？就是因为做学问做研究的动机和目标是一样的。从一个动机到一个目标，从发现困难到解决困难，当中有一个过程，就是所谓方法。从发现困难那一天起，到解决困难为止，当中这一个过程，可能很长，也可能很短。有的时候要几十年，几百年才能够解决一个问题；有的时候只要一个钟头就可以解决一个问题。这个过程就是方法。

刚才我说方法是一样的；方法是什么呢？我曾经有许多时候，想用文字把方法做成一个公式、一个口号、一个标语，把方法扼要地说出来；但是从来没有一个满意的表现方式。现在我想起我二三十年来关于方法的文章里面，有两句话也许可以算是讲治学方法的一种很简单扼要的话。

那两句话就是："大胆的假设，小心的求证。"要大胆的提出假设，但这种假设还得想法子证明。所以小心的求证，要想法子证实假设或者否证假设，比大胆的假设还更重要。这十个字是我二三十年来见之于文字，常常在嘴里向青年朋友们说的。有的时候在我自己的班上，我总希望我的学生们能够了解。今天讲治学方法引论，可以说就是要说明什么叫做假设；什么叫做大胆的假设；怎么样证明或者否证假设。

刚才我说过，治学的方法，做研究的方法，都是基于一个困难。无论是化学、地质学、生物学、社会科学上的一个问题，都是一个困难。当困难出来的时候，本于个人的知识、学问，就不知不觉地提出假设，假定有某几种可以解决的方案。比方诸位在台湾这几年看见杂志上有讨论《红楼梦》的文章，就是所谓红学，到底《红楼梦》有什么可以研究呢？《红楼梦》发生了什么问题呢？普通人看《红楼梦》里面的人物，都是不发生问题的，但是有某些读者却感觉到《红楼梦》发生了问题：《红楼梦》究竟是什么意思？当时写贾宝玉、林黛玉这些人的故事有没有背景？有没有"微言大义"在里面？写了一部七八十万字的书来讲贾家的故事，讲一个纨绔子弟贾宝玉同许多漂亮的丫头、漂亮的姊妹亲戚们的事情；有什么意义没有？这是一个问题。怎么样解决这个问题呢？当然你有一个假设，他也有一个假设。

在二三十年前，我写《红楼梦考证》的时候，有许多关于《红楼梦》引起的问题的假设的解决方案。有一种是说《红楼梦》含有种族思想，书中的人物都是影射当时满洲的官员，林黛玉是暗指康熙时候历史上一个有名的男人；薛宝钗、王凤姐和那些丫头们都是暗指历史上的人物。还有一种假设说贾宝玉是指一个满洲宰相明珠的儿子叫做纳兰性德——他是一个了不起的天才很高的文学家——那些丫头、姐妹亲戚们都是代表宰相明珠家里的一班文人清客；把书中漂亮的小姐们如林黛玉、薛宝钗、王凤姐、史湘云等人都改装过来化女为男。我认为这是很不可能，也不需要化装变性的说法。

　　后来我也提出一个假设。我的假设是很平常的。《红楼梦》这本书，从头一回起，作者就说这是我的自传，是我亲自所看见的事体。我的假设就是说，《红楼梦》是作者的自传，是写他亲自看见的家庭。贾宝玉就是曹雪芹；《红楼梦》就是写曹家的历史。曹雪芹是什么人呢？他的父亲叫做曹𬱖，他的祖父叫做曹寅；一家三代四个人做江宁织造，做了差不多五十年。所谓宁国府、荣国府，不是别的，就是指他们祖父、父亲、两个儿子，三代四个人把持五十多年的江宁织造的故事。书中说到，"皇帝南巡的时候，我们家里接驾四次"。如果在普通人家，招待皇帝四次是可能倾家荡产的；这些事在当时是值得一吹的。所以，曹雪芹虽然将真事隐去，仍然舍不得要吹一吹。曹雪芹后来倾家荡产做了文丐，成了叫化子的时候，还是读书喝酒，跟书中的贾宝玉一样。这是一个假设；我举出来作一个例子。

　　要解决"《红楼梦》有什么用意"这个问题，当然就有许多假设。提出问题求解决，是很好的事情；但先要看这些假设是否能够得到证明。凡是解决一个困难的时候，一定要有证明。我们看这些假设，有的说这本书是骂满洲人的；是满洲人统治中国的时候，汉人含有民族隐痛，写出了来骂满洲人的。有的说是写一个当时的大户人家，宰相明珠家中天才儿子纳兰性德的事。有的说是写康熙一朝的政治人物。而我的假设呢？我认为这部书不是谈种族的仇恨，也不是讲康熙时候的事。都不是的！从事实上照极平常的做学问的方法，我提出一个很平常的假设，就是《红楼梦》这本书的作者在开头时说的，他是在说老实话，把他所看见的可爱的女孩子们描写出来；所以书中描写的人物可以把个性充分表现出来。方才所说的"大胆的假设"，就是这种假设。我恐怕我所提出的假设只够得上小胆的假设罢了！

凡是做学问，不特是文史方面的，都应当这样。譬如在化学实验室做定性分析，先是给你一盒东西，对于这盒东西你先要做几个假设，假设某种颜色的东西是什么，然后再到火上烧烧看看，试验管发生了什么变化：这都是问题。这与《红楼梦》的解释一样的有问题；做学问的方法是一样的。我们的经验，我们的学问，是给我们一点知识以供我们提出各种假设的。所以"大胆的假设"就是人人可以提出的假设。因为人人的学问，人人的知识不同，我们当然要容许他们提出各种各样的假设。一切知识,一切学问是干什么用的呢?为什么你们在学校的这几年中有许多必修与选修的学科?都是给你们用;就是使你在某种问题发生的时候,脑背后就这边涌上一个假设,那边涌上一个假设。做学问、上课,一切求知识的事情,一切经验——从小到现在的经验,所有学校里的功课与课外的学问,为的都是供给你种种假设的来源,使你在问题发生时有假设的材料。如果遇上一个问题,手足无措,那就是学问、知识、经验,不能应用,所以看到一个问题发生,就没有法子解决。这就是学问知识里面不能够供给你一些活的材料,以为你做解决问题的假设之用。

单是假设是不够的,因为假设可以有许多。譬如《红楼梦》这一部小说,就引起了这么多假设。所以第二步就是我所谓"小心的求证"。在真正求证之先,假设一定要仔细选择选择。这许多假设,就是假定的解决方法,看那一个假定的解决方法是比较近情理一点,比较可以帮助我们解决那个开始发生的那个困难问题。譬如《红楼梦》是讲的什么?有什么意思没有?有这么多的假定的解释来了,在挑选的时候先要看那一个假定的解释比较能帮助你解决问题,然后说:对于这一个问题,我认为我的假设是比较能够满意解决的。譬如我的关于《红楼梦》的假设,曹雪芹写的是曹家的传记,是曹雪芹所看见的事实。贾母就是曹母,贾母以下的丫头们也都是他所看见的真实人物,当然名字是改了,姓也改了。但是我提出这一个假设,就是说《红楼梦》是曹雪芹的自传,最要紧的是要求证。我能够证实它,我的假设才站得住;不能证实,它就站不住。求证就是要看你自己所提出的事实是不是可以帮助你解决那个问题。要知道《红楼梦》在讲什么,就要做《红楼梦》的考证。现在我可以跟诸位做一个坦白的自白。我在做《红楼梦》考证那三十年中,曾经写了十几篇关于小说的考证,如《水浒传》《儒林外史》《三国演义》《西游记》《老残游记》《三侠五义》等书的考证。而我费了最大力量的,是一部讲怕老婆的故事的书,叫做《醒世姻缘》,约有一百万字。我整整花了五年工夫,做了五万字的考证。也许有人要问,胡适这个人是不是发了疯呢?天下可做学问很多,而且是学农的,为什么不做一点物理化学有关科学方面的学问呢?为什么花多年的工夫来考证《红楼梦》《醒世姻缘》呢?我现在做一个坦白的自白,就是:我想用偷关漏税的方法来提倡一种科学的治学方法。我所有的小说考证,都是用人人都知道的材料,用偷关漏税的方法,来讲做学问的方法的。譬如讲《红楼梦》,至少我对于研究《红楼梦》问题,我对它的态度的谨严,自己批评的严格,方法的自觉,同我考据研究《水经注》是一样的。我对于小说材料，看做同化学问题的药品材料一样，都是材料。我拿《水浒传》《醒世姻缘》《水经注》等书做学问的材料。拿一种人人都知道的材料用偷关漏税的方法，要人家不自觉的养成一种"大胆的假设，小心的求证"的方法。

假设是人人可以提的。譬如有人提出骇人听闻的假设也无妨。假设是愈大胆愈好。但是提出一个假设，要想法子证实它。因此我们有了大胆的假设以后，还不要忘了小心的求证。比如我考证《红楼梦》的时候，我得到许多朋友的帮助，我找到许多材料。我已经印出的本子，是已经改了多少次的本子。我先要考出曹雪芹于《红楼梦》以外有没有其他著作？他的朋友和同他同时代的人有没有什么关于他的著作？他的父亲、叔父们有没有什么关于他的记载？关于他一家四代五个人，尤其是关于他的祖父曹寅，有多少材料可以知道他那时候的地位？家里有多少钱？多少阔？是不是真正不能够招待皇帝到四次？我把这些有关的证据都想法找了来，加以详密的分析，结果才得到一个比较认为满意的假设，认定曹雪芹写《红楼梦》，并不是什么微言大义；只是一部平淡无奇的自传——曹家的历史。我得到这一家四代五个人的历史，就可以帮助说明。当然，我的假设并不是说就完全正确；但至少可以在这里证明"小心求证"这个工夫是很重要的。

现在我再举一个例来说明。方才我说的先是发生问题,然后是解决问题。要真正证明一个东西,才做研究。要假设一个比较最能满意的假设,来解决当初引起的问题。譬如方才说的《红楼梦》,是比较复杂的。但是我认为经过这一番的研究,经过这一番材料的收集,经过这一番把普通人不知道的材料用有系统的方法来表现出来,叙述出来,我认为我这个假设在许多假设当中,比较最能满意的解答"《红楼梦》说的是什么?有什么意思?"

方才我提到一部小说,恐怕是诸位没有看过的,叫做《醒世姻缘》,差不多有一百万字,比《红楼梦》还长,可以说是中国旧小说中最长的。这部书讲一个怕老婆的故事。他讨了一个最可怕的太太。这位太太用种种方法打丈夫的父母朋友。她对于丈夫,甚至于一看见就生气;不但是打,有一次用熨斗里的红炭从她丈夫的官服圆领口倒了进去,几乎把他烧死;有一次用洗衣的棒槌打了他六百下,也几乎打死他。把这样一个怕老婆的故事叙述了一百万字以上,结果还是没有办法解脱。为什么呢?说这是前世的姻缘。书中一小半,差不多有五分之一是写前世的事。后半部是讲第二世的故事。在前世被虐待的人,是这世的虐待者。婚姻问题是前世的姻缘,没有法子解脱的。想解脱也解脱不了。结果只能念经做好事。在现代摩登时代的眼光看,这是一个很迷信的故事。但是这部书是了不得的。用一种山东淄川的土话描写当时的人物是有一种诙谐的风趣的；描写荒年的情形更是历历如绘。这可以说是世界上一部伟大的小说。我就提倡把这部书用新的标点符号标点出来，同书局商量翻印。写这本书的人是匿名，叫西周生。西周生究竟是什么人呢？于是我做了一个大胆的假设，这个假设可以说是大胆的。(方才说的，我对于《红楼梦》的假设，可以说是小胆的假设。)我认为这部书就是《聊斋志异》的作者蒲松龄写的。我这个假设有什么证据呢？为什么引起我作这种假设呢？这个假设从那里来的呢？平常的经验、知识、学问，都是给我们假设用的。我的证据是在《聊斋志异》上一篇题名《江城》的小说。这个故事的内容结构与《醒世姻缘》一样。不过《江城》是一个文言的短篇小说；《醒世姻缘》是白话的长篇小说。《醒世姻缘》所描写的男主角所以怕老婆，是因为他前世曾经杀过一个仙狐，下一世仙狐就转变为一个女人做他的太太，变得很凶狠可怕。《聊斋志异》里面的短篇《江城》所描写的，也是因为男主角杀过一个长生鼠，长生鼠也就转世变为女人来做他的太太，以报复前世的冤仇。这两个故事的结构太一样了，又同时出在山东淄川，所以我就假设西周生就是蒲松龄。我又用语言学的方法，把书里面许多方言找出来。运气很好，正巧那几年国内发现了蒲松龄的几部白话戏曲，尤其是长篇的戏曲，当中有一篇是将《江城》的故事编成为白话戏曲的。我将这部戏曲里的方言找出来，和《醒世姻缘》里面的方言详细比较，有许多特别的字集成为一个字典，最后就证明《醒世姻缘》和《江城》的白话戏曲的作者是同一个小区域里的人。再用别的方法来证明那个时代的荒年；后来从历史的记载里得到同样的结论。考证完了以后，就有书店来商量印行，并排好了版。我因为想更确实一点，要书局等一等；一等就等了五年。到了第五年才印出来。当时傅先生很高兴——因为他是作者的同乡，都是山东人。我举这一个例，就是说明要大胆的假设，而单只假设还是不够的。后来我有一个在广西桂县的学生来了封信，告诉我说，这个话不但你说，从前已经有人说过了。乾隆时代的鲍廷博，他说留仙（蒲松龄）除了《聊斋志异》以外，还有一部《醒世姻缘》。因鲍廷博是刻书的，曾刻行《聊斋志异》。他说的话值得注意。我经过几年的间接证明，现在至少有个直接的方法帮助我证明了。

我所以举这些例，把这些小说当成待解决的问题看，目的不过是要拿这些人人都知道的材料，来灌输介绍一种做学问的方法。这个方法的要点，就是方才我说的两句话："大胆的假设，小心的求证。"如果一个有知识有学问有经验的人遇到一个问题，当然要提出假设，假定的解决方法。最要紧的是还要经过一番小心的证实，或者否证它。如果你认为证据不充分，就宁肯悬而不决，不去下判断，再去找材料。所以小心的求证很重要。

时间很短促，最后我要引用台大故校长傅先生的一句口号，来结束这次讲演。他这句口号是在民国十七年开办历史语言研究所时的两句名言，就是"上穷碧落下黄泉，动手动脚找东西"。这两句话前一句是白居易《长恨歌》中的一句，后一句是傅先生加上的。今天傅校长已经去世，可是今天在座的教授李济之先生却还大为宣传这个口号，可见这的确是我们治学的人应该注意的。假设人人能提，最要紧的是能小心的求证；为了要小心的求证，就必须："上穷碧落下黄泉，动手动脚找东西。"今天讲的很浅近，尤其是在座有许多位文史系平常我最佩服的教授，还请他们多多指教。

（本文为1952年12月1日胡适在台湾大学的演讲，原载1952年12月2日台北《"中央"日报》、《新生报》）

第二讲　　方法的自觉

钱校长，各位先生，各位同学：

上次我在台大讲治学方法的引论，意思说我们须把科学的方法——尤其是科学实验室的态度——应用到文史和社会科学方面。治学没有什么秘诀；有的话，就是："思想和研究都得要注重证据。"所以我上次提出"大胆的假设，小心的求证"，两句话作为治学的方法，后来钱校长对我说：学理、工、农、医的人应该注重在上一句话"大胆的假设"，因为他们都已比较的养成了一种小心求证的态度和习惯了；至于学文史科学和社会科学的人，应该特别注重下一句话"小心的求证"，因为他们没有养成求证的习惯。钱校长以为这两句话应该有一种轻重的区别：这个意思，我大体赞成。

今天我讲治学方法第二讲：方法的自觉。单说方法是不够的；文史科学和社会科学的错误，往往由于方法的不自觉。方法的自觉，就是方法的批评；自己批评自己，自己检讨自己，发现自己的错误。纠正自己的错误。做科学实验室工作的人，比较没有危险，因为他随时随地都有实验的结果可以纠正自己的错误。他假设在某种条件之下应该产生某种结果；如果某种条件具备而不产生某种结果，这就是假设的错误。他便毫不犹豫的检讨错误在什么地方，重新修正。所以他可以随时随地的检讨自己，批评自己，修正自己，这就是自觉。

但我对钱校长说的话也有一点修正。做自然科学的人，做应用科学的人，学理、工、农、医的人，虽然养成了科学实验室的态度,但是他们也还是人,并不完全是超人,所以也不免有人类通有的错误。他们穿上了实验室的衣服,拿上了试验管、天平、显微镜,做科学实验的时候,的确是很严格的。但是出了实验室,他们穿上了礼拜堂的衣服,就完全换了一个态度;这个时候,他们就不一定能够保持实验室的"大胆的假设,小心的求证"的态度。一个科学家穿上礼拜堂的衣服,方法放假了,思想也放假了;这是很平常的事。我们以科学史上很有名的英国物理学家洛奇先生(Sir Oliver Lodge)为例。他在物理学上占很高的地位;当他讨论到宗教信仰问题的时候,就完全把科学的一套丢了。大家都知道他很相信鬼。他谈到鬼的时候,就把科学实验室的态度和方法完全搁开。他要同鬼说话、同鬼见面。他的方法不严格了,思想也放假了。

真正能够在实验室里注重小心求证的方法,而出了实验室还能够把实验室的态度应用到社会问题、人生问题、道德问题、宗教问题的——这种人很少。今天我特别要引一个人的话作我讲演的材料:这人便是赫胥黎(T. H. Huxley)。他和达尔文二人,常常能够保持实验室的态度,严格的把这个方法与态度应用到人生问题和思想信仰上去。1860年,赫胥黎最爱的一个儿子死了,他有一个朋友,是英国社会上很有地位的文学家、社会研究家和宗教家,名叫金司莱(Charles

Kinsley）。他写了一封信安慰赫胥黎，趁这个机会说："你在最悲痛的时候，应该想想人生的归宿问题吧！应该想想人死了还有灵魂，灵魂是不朽的吧！你总希望你的儿子，不是这么死了就了了。你在最哀痛的时候，应该考虑考虑灵魂不朽的问题呵！"因为金司莱的地位很高，人格是很可敬的，所以赫胥黎也很诚恳的写了一封长信答复他。这信里面有几句话，值得我引来作讲方法自觉的材料。他说："灵魂不朽这个说法，我并不否认，也不承认，因为我找不出充分的证据来接受它。我平常在科学室里的时候，我要相信别的学说，总得要有证据。假使你金司莱先生能够给我充分的证据，同样力量的证据，那么，我也可以相信灵魂不朽这个说法。但是，我的年纪越大，越感到人生最神圣的一件举动，就是口里说出和心里觉得'我相信某件事物是真的'；我认为说这一句话是人生最神圣的一件举动，人生最大的报酬和最大的惩罚都跟着这个神圣的举动而来。"赫胥黎是解剖学专家。他又说："假如我在实验室做解剖、做生理学试验的时候，遇到一个小小的困难，我必须要严格的不信任一切没有充分证据的东西，我的工作才可以成功。我对于解剖学或者生理学上小小的困难尚且如此；那么，我对人生的归宿问题，灵魂不朽问题，难道可以放弃我平常的立场和方法吗？"我在好几篇文章里面常常引到这几句话。今天摘出来作为说方法自觉的材料。赫胥黎从嘴里说出，心里觉得"我相信某件事物是真的"这件事，看作人生最神圣的一种举动。无论是在科学上的小困难，或者是人生上的大问题，都得要严格的不信任一切没有充分证据的东西；这就是科学的态度，也就是做学问的基本态度。

在文史方面和社会科学方面的研究，还没有能够做到这样严格。我们以美国今年的大选同四年前的大选来做说明。1948年美国大选有许多民意测验研究所，单是波士顿一个地方就有七个民意测验研究所。他们用社会科学家认为最科学的方法来测验民意。他们说：杜鲁门一定失败，杜威一定成功。到了选举的时候，杜鲁门拿到总投票百分之五十点四，获得了胜利。被社会科学家认为最科学、最精密的测验方法，竟告不灵；弄得民意测验研究所的人，大家面红耳赤，简直不敢见人，几乎把方法的基础都毁掉了。许多研究社会科学、自然科学、统计学的朋友说，不要因为失败，就否认方法；这并不是方法错了，是用方法的人不小心，缺乏自觉的批评和自觉的检讨。今年美国大选，所有民意测验机构都不敢预言谁能得胜了；除了我们平时不挂"民意测验""科学方法"招牌的人随便谈的时候还敢说"我相信艾森豪会得胜"外，连报纸专栏作家和社论专家都不敢预言，都说今年大选很不容易推测。结果，艾森豪获得了百分之五十五的空前多数。为什么他们的测验含有这样的错误呢？他们是向每一个区域，每一类有投票权的人征询意见，把所得到的结果发表出来，比方今年，有百分之四十九的人赞成共和党艾森豪，百分之四十七赞成民主党史蒂文生，还有百分之四没有意见，1948年的选举，百分之五十点四便可以胜利——其实百分之五〇点一就够了，百分之五〇点〇〇一也可以胜利。所以这百分之四没有表示意见的人，关系很大。在投票之前，他们不表示意见，当投票的时候，就得表示意见了。到了这个时候，不说百分之一，就是千分之一也可以影响全局。没有计算到这里面的变化，就容易错误了。以社会科学最精密的统计方法，尚且有漏洞，那么，在文史的科学上面，除了考古学用实物做证据以及很严格的历史研究之外，普通没有受过科学洗礼的人，没有严格的自己批评自己的人，便往往把方法看得太不严格，用得太松懈了。

有一个我平常最不喜欢举的例子，今天我要举出来简单的说一说。社会上常常笑我，报纸上常常挖苦我的题目。就是《水经注》的案子。为什么我发了疯，花了五年多的工夫去研究《水经注》这个问题呢？我得声明，我不是研究《水经注》本身。我是重审一百多年的《水经注》的案子。我花五年的工夫来审这件案子，因为一百多年来，有许多有名的学者，如山西的张穆，湖南的魏源，湖北的杨守敬和作了许多地理学说为现代学者所最佩服的浙江王国维以及江苏的孟森；他们都说我所最佩服的十八世纪享有盛名的考古学者、我的老乡戴震（东原）先生是个贼，都说他的《水经注》的工作是偷了宁波全祖望、杭州赵一清两个人的《水经注》的工作的。说人家作贼，是一件大事，是很严重的一件刑事控诉。假如我的老乡还活着的话，他一定要提出反驳，替自己辩白。但是他是1777年死的，到现在已经死了一七五年，骨头都烂掉了，没有法子再跑回来替自己辩护。而这一班大学者，用大学者的威权，你提出一些证据，他提出一些证据，一百多年来不断的提出证据——其实都不是靠得住的证据——后来积非成是，就把我这位老乡压倒了，还加上很大的罪名，说他做贼，说他偷人家的书来作自己的书。一般读书的人，都被他们的大名吓倒了，都相信他们的"考据"，也就认为戴震偷人的书，已成定论，无可疑了。我在九年前，偶然有一点闲工夫，想到这一位老乡是我平常所最佩服的，难道他是贼吗？我就花了六个月的时间，把他们几个人提出的一大堆证据拿来审查，提出了初步的报告。后来觉得这个案子很复杂，材料太多，应该再审查。一审就审了五年多，才把这案子弄明白；才知道这一百多年的许多有名的学者，原来都是糊涂的考证学者。他们太懒，不肯多花时间，只是关起大门考证；随便找几条不是证据的证据，判决一个死人作贼；因此构成了一百多年来一个大大的冤狱！

我写了一篇关于这个案子的文章，登在美国国会图书馆的刊物上。英美法系的证据法，凡是原告或检察官提出来的证据，经过律师的辩论，法官的审判，证据不能成立的时候，就可以宣告被告无罪。照这个标准，我只要把原告提出来的证据驳倒，我的老乡戴震先生就可以宣告无罪了，但是当我拿起笔来要写中文的判决书，就感觉困难。我还得提出证据来证明戴震先生的确没有偷人家的书，没有做贼。到这个时候，我才感觉到英美法系的证据法的标准，同我们东方国家的标准不同。于是我不但要作考据，还得研究证据法。我请教了好几位法官：中国证据法的原则是什么？他们告诉我：中国证据法的原则只有四个字，就是"自由心证"。这样一来，我证明原告的证据不能成立，还不够，还得要做侦探，到处搜集证据；搜了五年，才证明我的老乡的确没有看见全祖望、赵一清的《水经注》。没有机会看见这些书，当然不会偷了这些书，也就没有做贼了。

我花了五年的工夫得着这个结论；我对于这个案件的判决书就写出来了。这虽然不能当作专门学问看，至少也可以作为文史考证的方法。我所以要做这个工作，并不是专替老乡打抱不平，替他做律师，做侦探。我上次说过，我借着小说的考证，来解说治学的方法。同样的，我也是借《水经注》一百多年的糊涂官司，指出考证的方法。如果没有自觉的批评、检讨、修正，那就很危险。根据五年研究《水经注》这件案子的经验，我认为作文史考据的人，不但要时时刻刻批评人家的方法，还要批评自己的方法，不但要调查人家的证据，还得要调查自己的证据。五年的审判经验，给了我一个教训。为什么这些有名的考证学者会有这么大的错误呢？为什么他们会冤枉一位死了多年的大学者呢？我的答案就是：这些做文史考据的人，没有自觉的方法。刚才说过，自觉就是自己批评自己，自己检讨自己，自己修正自己，这是最重要的一点。在文史科学，社会科学方面，我们不但要小心的求证，还得要批评证据。自然科学家就不会有这种毛病；因为他们在实验室的方法就是一种自觉的方法。所谓实验，就是用人工造出证据来证明一个学说、理论、思想、假设。比方天然界的水，不能自然的分成氢气和氧气。化学家在做实验的时候，可以用人工把水分成氢气和氧气各为若干成分。天然界不存在的东西，看不见的现状，科学家在实验室里面用人工使他们产生出来。以证明某种假设：这就是所谓实验。文史科学，社会科学没有法子创造证据。我们的证据全靠前人留下来的；留在什么地方，我们就到什么地方去找。不能说找不到便由自己创造一个证据出来。如果那样，就是伪证，是不合法的。

我们既然不能像自然科学家一样，用实验的方法来创造证据，那么，怎么办呢？除了考古学家还可以从地下发掘证据以外，一般文史考证，只好在这本书里头去发现一条、在那本书里面去发现一条，来作为考证的证据。但是自己发现的证据，往往缺乏自己检讨自己的方法。怎么样才可以养成方法的自觉呢？今天我要提出一个答案；这个答案是我多年以来常常同朋友们谈过，有时候也见诸文字的。中国的考证学，所谓文史方面的考证，是怎么来的呢？我们的文史考证同西方不一样。西方是先有了自然科学。自然科学的方法已经应用了很久，并且已经演进到很严格的地步了，然后才把它应用到人文科学方面；所以他们所用的方法比较好些。我们的考证学已经发达了一千年，至少也有九百年，或者七百年的历史了。从宋朝朱子（殁于西历一千二百年）以来，我们就已经有了所谓穷理、格物、致知的学问，却没有自然科学的方法。人家西方是从自然科学开始；我们是从人文科学开始。我们从朱子考证《尚书》《诗经》等以来，就已经开了考证学的风气；但是他们怎么样得到考据的方法呢？他们所用的考证、考据这些名词，都是法律上的名词。中国的考据学的方法，都是过去读书人做了小官，在判决官司的时候得来的。在唐宋时代，一个中了进士的人，必须先放出去做县尉等小官。他们的任务就是帮助知县审判案子，以训练判案的能力。于是，一般聪明的人，在做了亲民的小官之后，就随时诚诚恳恳的去审判人民的诉讼案件；久而久之，就从判案当中获得了一种考证、考据的经验。考证学就是这样出来的。我们讲到考证学，讲到方法的自觉，我提议我们应参考现代国家法庭的证据法（Law of Evidence）。在西方证据法发达的国家，尤其是英美，他们的法庭中，都采用陪审制度，审案的时候，由十二个老百姓组成陪审团，听取两造律师的辩论。在陪审制度下，两造律师都要提出证人证物；彼此有权驳斥对方的证人证物。驳来驳去，许多证人证物都因此不能成立，或者减少了作证的力量。同时因为要顾到驳斥的关系，许多假的，不正确的和不相干的证据，都不能提出来了。陪审员听取两造的辩驳之后，开会判断谁有罪，谁无罪。然后法官根据陪审员的判断来定罪。譬如你说某人偷了你的表，你一定要拿出证据来。假如你说因为昨天晚上某人打了他的老婆，所以证明他偷了你的表；这个证明就不能成立。因为打老婆与偷表并没有关系。你要把这个证据提出来打官司，法官就不会让你提出来。就是提出来也没有力量。就算你修辞很好，讲得天花乱坠，也是没有用的。因为不相干的证据不算是证据。陪审制度容许两造律师各驳斥对方的证据，所以才有今天这样发达的证据法。

我们的考据学，原来是那些早年做小官的人，从审判诉讼案件的经验中学来的一种证据法。我今天的提议，就是我们作文史考据的人，用考据学的方法，以证据来考订过去的历史的事实，以证据来批判一件事实的有无、是非、真假。我们考证的责任，应该同陪审员或者法官判决一个罪人一样，有同等的严重性。我们要使得方法自觉，就应该运用证据法上允许两造驳斥对方所提证据的方法，来作为我们养成方法自觉的一种训练。如果我们关起门来做考据，判决这个人做贼，那个人是汉奸，是贪官污吏，完全用自己的判断来决定天下古今的是非、真伪、有无；在我们的对面又没有律师来驳斥我们：这样子是不行的。我们要假定有一个律师在那里，他随时要驳斥我们的证据，批评我们的证据是否可靠。要是没有一个律师在我们的面前，我们的方法就不容易自觉，态度也往往不够谨慎，所得的结论也就不够正确了。所以，我们要养成自觉的习惯，必须树立两个自己审查自己的标准：

第一，我们要问自己：你提出的这个证人可靠吗？他有做证人的资格吗？你提出来的证物可靠吗？这件证物是从那里来的？这个标准是批评证据。

第二，我们还要问自己：你提出的这个证人或者证物是要证明本案的那一点？譬如你说这个人偷了你的表，你提的证据却是他昨天晚上打老婆；这是不相干的证据，这不能证明他偷了你的表。像这种证据，须要赶出法庭之外去。

要做到方法的自觉，我觉得唯一的途径，就是自己关起门来做考据的时候，就要如临师保，如临父母。我们至少要做到上面所提的两个标准：一要审查自己的证据可靠不可靠；二要审查自己的证据与本案有没有相干。还要假定对方有一个律师在那里，随时要驳斥或者推翻我们的证据。如果能够做到这样，也许可以养成我开始所讲的那个态度，就是要严格的不信任一切没有充分证据的东西，这就是我的提议。

最后，我要简单说一句话：要时时刻刻自己检讨自己，以养成做学问的良好习惯。台大的钱校长和许多研究自然科学，历史科学的人可以替我证明：科学方法论的归纳法、演绎法，教你如何归纳、如何演绎，并不是养成实验室的态度。实验室的态度，是天天在那里严格的自己检讨自己，创造证据来检讨自己；在某种环境之下，逼得你不能不养成某种好习惯。

刚才我说的英国大科学家洛奇先生，在实验室是严格的，出了实验室就不严格了。大科学家尚且如此！所以我们要注意，时时刻刻保持这种良好的习惯。

科学方法是怎么得来的呢？一个人有好的天资、好的家庭、好的学校、好的先生，在极好的环境当中，就可以养成了某种好的治学的习惯，也可以说是养成了好的做人的习惯。

比方明朝万历年间福建陈第先生，用科学方法研究中国的古音，证明衣服的"服"字古音读"逼"。他从古书里面，举出二十个证据来证明。过了几十年，江苏昆山的一个大思想家，也是大考据家，顾亭林先生，也作同样的考证；他举出一六二个证据来证明"服"字古音"逼"。那个时候，并没有归纳法、演绎法，但是他们从小养成了某种做学问的好习惯。所以，我们要养成方法的自觉，最好是如临师保，如临父母，假设对方有律师在打击我，否认我所提出的一切证据。这样就能养成良好的习惯。

宋人笔记中记一个少年的进士问同乡老前辈："做官有什么秘诀？"那个老前辈是个参政（副宰相），约略等于现在行政院的副院长，回答道："做官要勤、谨、和、缓。"后人称为"做官四字诀"。我在小孩子的时候，就听到这个故事；当时没有注意。从前我们讲治学方法，讲归纳法、演绎法；后来年纪老一点了，才晓得做学问有成绩没有，并不在于读了"逻辑学"没有，而在于有没有养成"勤、谨、和、缓"的良好习惯。这四个字不但是做官的秘诀，也是良好的治学习惯。现在我把这四个字分别说明，作为今天讲演的结论。

第一，勤。勤是不躲懒，不偷懒。我上次在台大讲演，提到台大前校长傅斯年先生两句口号："上穷碧落下黄泉，动手动脚找东西。"那就是勤。顾亭林先生的证明"服"字古音是"逼"，找出一六二个证据，也是勤。我花了几年的工夫来考据《醒世姻缘》的作者；又为"审判"《水经注》的案子，上天下地去找材料。花了五年多的工夫：这都是不敢躲懒的意思。

第二，谨。谨是不苟且、不潦草、不拆滥污。谨也可以说是恭敬的"敬"。夫子说"执事敬"，就是教人做一件事要郑重的去做，不可以苟且，他又说"出门如见大宾，使民如承大祭"，都是敬事的意思。一点一滴都不苟且，一字一笔都不放过，就是谨。谨，就是"小心求证"的"小心"两个字。

刚才我引了赫胥黎的两句话："人生最神圣的一件举动就是嘴里说出，心里觉得'我相信某件事物是真的'"。判断某人做贼，某人卖国，要以神圣的态度作出来；嘴里说这句话，心里觉得"相信是真的"。这真是要用孔夫子所谓"如见大宾，如承大祭"的态度的。所以，谨就是把事情看得严重，神圣；就是谨慎。

第三，和。和是虚心，不武断，不固执成见，不动火气。做考据，尤其是用证据来判断古今事实的真伪、有无、是非，不能动火气。不但不正当的火气不能动，就是正义的火气也动不得。做学问要和平、虚心，动了肝火，是非就看不清楚。赫胥黎说："科学好像教训我们：你最好站在事实的面前，像一个小孩子一样；要愿意抛弃一切先入的成见，要谦虚的跟着事实走，不管它带你到什么危险的境地去。"这就是和。

第四，缓。宋人笔记：当那位参政提出"缓"字的时候，那些性急的人就抗议说缓要不得；不能缓。缓，是很要紧的。就是叫你不着急，不要轻易发表，不要轻易下结论；就是说"凉凉去吧！搁一搁、歇一歇吧！"凡是证据不充分或不满意的时候，姑且悬而不断；悬一年两年都可以。悬并不是不管，而是去找新材料。等找到更好的证据的时候，再来审判这个案子。这是最重要的一点。许多问题，在证据不充分的时候，绝对不可以下判断。达尔文有了生物进化的假设以后，搜集证据，反复实验，花了二十年的工夫，还以为自己的结论没有到了完善的地步，而不肯发表。他同朋友通信，曾讨论到生物的演化是从微细的变异积聚起来的，但是总不肯正式发表。后来到了1858年，另外一位科学家华立氏（Wallace）也得到了同样的结论，写了一篇文章寄给达尔文；要达尔文代为提出。达尔文不愿自己抢先发表而减低华立氏发现的功绩，遂把全盘事情交两位朋友处理。后来这两位朋友决定，把华立氏的文章以及达尔文在1857年写给朋友的信和在1844年所作理论的撮要同时于1858年7月1日发表。达尔文这样谦让，固然是盛德，但最重要的是他给了我们一个"缓"的例子。他的生物进化论，因为自己觉得证据还没有十分充足，从开始想到以后，经过二十年还不肯发表：这就是缓。我以为缓字很重要。如果不能缓，也就不肯谨，不肯勤，不肯和了。

我今天讲的都是平淡无奇的话。最重要的意思是：做学问要能够养成"勤、谨、和、缓"的好习惯；有了好习惯，当然就有好的方法，好的结果。

（本文为1952年12月5日胡适在台湾大学的演讲，原载1952年12月6日台北《"中央"日报》、《新生报》）

第三讲　　方法与材料

钱校长，各位先生，各位同学：

在三百多年以前，英国有一位哲学家叫做培根（Francis Bacon）。他可以说是鼓吹方法论革命的人。他有一个很有趣的譬喻；他将做学问的人运用材料比做三种动物。第一种人好比蜘蛛。他的材料不是从外面找来，而是从肚里面吐出来的。他用他自己无穷无尽的丝做成很多很好看的蜘蛛网。这种人叫做蜘蛛式的做学问的人。第二种人好比蚂蚁。他也找材料，但是找得了材料不会用，而堆积起来；好比蚂蚁遇到什么东西就背回洞里藏起来过冬，但是他不能够自己用这种材料做一番制造的工夫。这种做学问的人叫做蚂蚁式的学问家。第三种人可宝贵了，他们好比蜜蜂。蜜蜂飞出去到有花的地方，采取百花的精华；采了回来，自己又加上一番制造的工夫，成了蜜糖。培根说，这是做学问人的最好的模范——蜜蜂式的学问家。我觉得这个意思，很可以作为我今天讲"方法与材料"的说明。

在民国十七年（西历1928年），台大前任校长傅斯年先生同我两个人在同一年差不多同时发表了两篇文章。他那时候并没有看见我的文章，我也没有看见他的文章。事后大家看见了，都很感觉兴趣，因为都是同样的注重在方法与材料的关系，傅先生那篇文章题目是《中央研究院历史语言研究所工作旨趣》，我那篇文章题目是《治学的方法与材料》，那是特别提倡扩大研究的材料的范围，寻求书本以外的新材料的。

民国十五年，我第一次到欧洲，是为了去参加英国对庚子赔款问题的一个会议。不过那时候我还有一个副作用（我自己认为是主要的作用），就是我要去看看伦敦、巴黎两处所藏的史坦因（Stein）伯希和（Pelliot）两位先生在中国甘肃省敦煌所偷去的敦煌石室材料。诸位想都听见过敦煌材料的故事；那是最近五十多年来新材料发现的一个大的来源。

在敦煌有一个地方叫千佛洞，是许多山洞。在这些山洞里面造成了许多庙，可以说是中古时期的庙。其中有一个庙里面有一个藏书楼——书库，原来是藏佛经的书库，就是后来报上常提起的"敦煌石室"。在这个书库里面藏有许多卷子——从前没有现在这样的书册，所有的书都是卷子。每一轴卷子都是把许多张纸用一种很妙的粘法连起来的。很妙的粘法！经过一千多年都不脱节，不腐蚀。这里面大概有一万多中国中古时代所写的卷子。有许多卷子曾由当时抄写的人写下了年月。照所记的年代看起来，早晚相去约为六百年的长时期。我们可以说石室里面所藏的都是由五世纪初到十一世纪时的宝贝。这里面除了中国文字的经以外，还有一些少数的外国文字的材料。敦煌是在沙漠地带，从前叫做沙洲，地方干燥，所以纸写的材料在书库里面经过了一千多年没有损坏。但是怎样能保存这么久没有被人偷去抢去呢？大概到了十一世纪的时候，敦煌有一个变乱，敦煌千佛洞的和尚都逃了。在逃走之前，把石室书库外面的门封起来。并且在上面画了一层壁画，所以不留心的人不知道壁画里面是门，门里面有书库，书库里面有一万多卷的宝贝。变乱经过很长的时期。平静了以后，千佛洞的和尚死的死了，老的老了，把书库这件事也忘了。这样便经过一个从十一世纪到十九世纪末年的长时期。到清末光绪庚子年,那时候中国的佛教已经衰败,敦煌千佛洞里面和尚没有了,住上了一个老道。叫王老道。有一天他要重整庙宇,到处打扫打扫;扫到石室前面,看到壁画后面好像有一个门;他就把门敲开,发现里面是一大堆佛经。这一个王老道是没有知识的,发现了这一大堆佛经后,就告诉人说那是可以治病的。头痛的病人向他求医,他就把佛经撕下一些来烧了灰,给病人吞下,说是可以治头痛。王老道因此倒发了一笔小财。到了西历1907年,英国探险家史坦因在印度组织了一个中亚细亚探险队,路过甘肃,听到了古经治病的传说,他就跑到千佛洞与王老道嘀咕嘀咕勾搭上了。只花了七十两银子,向王老道装了一大车的宝贝材料回到英国去。这一部分在英国伦敦大英博物馆内存着。史坦因不懂得中国文字,所以他没有挑选,只装了一大车走了。到了第二年——西历1908年——,法国汉学家,一个了不得的东方学家,伯希和,他听说这回事,就到了中国,跑到王老道那里,也和王老道嘀咕嘀咕,没有记载说他花了多少钱,不过王老道很佩服他能够看得懂佛经上的中外文字,于是就让他拿。但是伯希和算盘很精,他要挑选;王老道就让他挑。所以他搬去的东西虽然少一点,但是还是最精萃的。伯希和挑了一些有年月材料以及一些外文的材料,和许多不认识的梵文的经典，后来就从这些东西里面，发现很重要的中文以外的中亚细亚的文字。这一部分东西，现藏在法国国家图书馆。这是第二部分。伯希和很天真，他从甘肃路过北京时，把在敦煌所得材料，向中国学者请教。中国的学者知道这件事，就报告政府。那时候的学部——教育部的前身——，并没有禁止，任伯希和把他所得材料运往法国了。只是打电报给甘肃，叫他们把所有石室里剩余的经卷都运到北京。那些卷子有的长达几丈，有的又很短。到这时候，大家都知道石室的古经是宝贝了。于是在路上以及起装之前，或起装当中，大家偷的偷，夹带的夹带。有时候点过了多少件，就有人将长的剪开凑数。于是这些宝贝又短了不少。运到北京后，先藏在京师图书馆。后来改藏在北平图书馆。这是第三部分。第四部分就是散在民间的。有的藏在中国学者手里，有的在中国的各处图书馆中，有的在私人收藏家手中，有的流落到日本人手中。这是第四部分。在一万多卷古经卷里面，只有一本是刻本的书，是一本《金刚经》，是在第一批被史坦因运到英国去了。那上面注有年代，是唐懿宗年间（西历868年）。这是世界上最早的有日子可以确定的刻本书。此外都是卷子，大概在伦敦有五千多卷，在巴黎有三千多卷，在北平的有六千多卷，散在中国与日本民间收藏家手中的不到一百卷。

那时候（民国十五年）我正在研究中国佛教史——中国哲学史、中国思想史的一部分。我研究到唐朝禅宗的时候，想写一部禅宗史。动手写不到一些时候，就感觉到这部书写不下去，就是因为材料的问题。那个时候我觉得我在中国所能够找到的材料，尤其是在十一世纪以后的，都是经过宋人窜改过的。在十一世纪以前，十世纪末叶的《宋高僧传》里面，偶然有几句话提到那个时代唐朝禅宗开始的几个大师的历史，与后来的历史有不同的地方。这个材料所记载的禅宗历史中，有一个最重要的和尚叫做神会。照我那时候所找到的材料的记载，这个神会和尚特别重要。

禅宗的历史是怎么样起来的呢？唐朝初年，在广东的韶州（现在的韶关），有一个不认识字的和尚名叫慧能。这个和尚在南方提倡一种新的佛教教义，但是因为这个和尚不大认识字，他也没有到外边去传教，就死在韶州，所以还是一个地方性的新的佛教运动。但是慧能有一个徒弟，就是上面所讲的那个神会和尚。神会在他死后，就从广东出发北伐——新佛教运动的北伐，一直跑到河南的滑台。他在滑台大云寺的大庭广众中，指责当时在长安京城里面受帝王崇拜的几个大师都是假的。他说："他们代表一种假的宗派。只有我那个老师，在广东韶州的不认识字的老师慧能，才是真正得到嫡派密传的。"慧能是一个獦獠——南方的一个民族。他说：

"从前印度的达摩到中国来,他开了一个新的宗派,有一件袈裟以为法信。这件袈裟自第一祖达摩传给第二祖,第二祖传给第三祖,第三祖传给第四祖,第四祖传给第五祖,都以袈裟为证。到了第五祖,宗派展开了,徒弟也多了,我的老师,那个不认识字的獦獠和尚,本是在第五祖的厨房里舂米的。但是第五祖觉得他懂得教义了,所以在半夜里把慧能叫去,把法的秘密传给他,同时把传法的袈裟给他作为记号。后来他就偷偷出去到南方传布教义。所以我的老师才是真正嫡派的佛教的领袖第六祖。他已经死了。我知道他半夜三更接受袈裟的故事。现在的所谓'两京法祖三帝国师'(两京就是东京洛阳,西京长安;三帝就是武则天和中宗、睿宗),在朝廷受崇拜的那些和尚,都是假的。他们没有得到袈裟,没有得到秘密;都是冒牌的宗派。"神会这种讲演,很富有神秘性,听的人很多。起初在滑台,后来有他有势力的朋友把他弄到东京洛阳;他还是指当时皇帝所崇拜的和尚是假的,是冒牌的。因为他说话时,年纪也大了,口才又好,去听的人比今天还多。但是皇帝崇拜的那些和尚生气了,又因为神会说的故事的确动人,也感觉到可怕,于是就说这个和尚妖言惑众,谋为不轨,奏准皇帝,把神会流放充军。从东京洛阳一直流放到湖北。三年当中,换了三处地方,过着被贬逐的生活。但是在第三年的时候,安禄山造反,把两京都拿下了;

唐明皇跑到四川。这时候由皇帝的一个太子在陕西甘肃的边界灵武，组织一个临时政府，指挥军队，准备平定乱事。那时最重要的一件事，就是筹款解决财政问题。有这么多的军队，而两京又都失陷，到那里去筹款呢？于是那时候的财政部长就想出一个方法，发钞票——这个钞票，不是现在我们用的这种钞票，而是和尚尼姑必须得的度牒。《水浒传》中，鲁智深杀了人，逃到赵员外家里；赵员外就为他买了度牒，让他做和尚。也就是这种度牒。——但是这个度牒，一定要有人宣传，才可以倾销。必须举行一个会，由很能感动人的和尚去说法，感动了许多有钱的人，这种新公债才有销路。就在那时候，被放逐三年的神会和尚跑了回来；而那些曾受皇帝崇拜的和尚们都已跑走，投降了，靠拢了。神会和尚以八十岁的高龄回来，说："我来为国报效，替政府推销新的度牒。"据我那时候找到的材料的记载，这个神会和尚讲道的时候，有钱的人纷纷出钱，许多女人们甚至把耳环戒指都拿下来丢给他；没有钱的就愿意做和尚、做尼姑。于是这个推销政府新证券的办法大为成功。对于郭子仪、李光弼收复两京的军事，神会和尚筹款的力量是一个大帮助。当初被政府放逐的人，现在变成了拥护政府帮忙立功的大和尚。祸乱平定后，皇帝就把他请到宫里去，叫工部赶快给神会和尚建造禅寺。神会死时，已九十多岁，替政府宣传时，已将近九十岁了。神会和尚不但代表新佛教北伐，做了北伐总司令，而且做了政府里面的公债推销委员会的主席。他成功身死以后，当时的皇帝就承认他为禅宗第七祖。当然他的老师那个南方不认识字的獦獠和尚是第六祖了。那时候我得到的材料是如此。

神会虽然有这一段奋斗的历史，但在过了一二百年以后，他这一派并没有多少人。别的冒牌的人又都起来，个个都说是慧能的嫡派。神会的真真嫡派，在历史上没有材料了。所以当我在民国十五年到欧洲去的时候的副作用，就是要去找没有经过北宋人涂改过的真正的佛教史料。因为我过去搜集这些材料时，就知道有一部分材料在日本，另一部分也许还在敦煌石室里面保存。为什么呢？方才讲过，敦煌的卷子，是从五世纪起到十一世纪的东西。这六百多年恰巧包括我要找的时期，且在北宋人涂改史料以前；而石室里的材料，又差不多百分之九十九点九都是佛教材料。所以我要到伦敦、巴黎去，要找新的关于佛教的史料，要找神会和尚有没有留了什么东西在敦煌石室书库里面。这就是我方才说的副作用。到了英国，先看看大英博物院，头一天一进门就看见一个正在展览的长卷子，就是我要找的有关材料。后来又继续找了不少。我到法国的时候，傅斯年先生听说我在巴黎，也从德国柏林赶来。我们两个人同住在一个地方，白天在巴黎的国家图书馆看敦煌的卷子,晚上到中国馆子吃饭,夜间每每谈到一两点钟。现在回忆起当时一段生活,实在是很值得纪念的。在巴黎国家图书馆不到三天,就看见了一段没有标题的卷子。我一看,知道我要的材料找到了;那就是神会的语录,他所说的话和所作的事。卷子里面常提到"会";虽然那还是没有人知道过,我一看就知道是神会,我走了一万多里路,从西伯利亚到欧洲,要找禅宗的材料;到巴黎不到三天就找到了。过了几天,又发现较短的卷子,毫无疑义的又是神会有关的。后来我回到英国,住了较长的时期,又发现一个与神会有关的卷子。此外还有与那时候的禅宗有关系的许多材料。我都照了像带回国来。四年之后,我在上海把它整理出版,题为《神会和尚遗集》。我又为神会和尚写了一万多字的传记。这就是中国禅宗北伐的领袖神会和尚的了不得的材料。我在巴黎发现这些材料的时候,傅先生很高兴。

  我所以举上面这个例子,目的是在说明材料的重要。以后我还要讲一点同类的故事——加添新材料的故事。我们用敦煌石室的史料来重新撰写了禅宗的历史,可以说是考据禅宗最重要的一段。这也是世界所公认的。现在有法国的哲学家把我发现后印出来的书全部译成法文,又拿巴黎的原本与我编的校看一次。美国也有人专研究这一个题目,并且也预备把这些材料译成英文。因为这些材料至少在中国佛教历史上是新的材料,可以纠正过去的错误,而使研究中国佛教史的人得一个新的认识。

就在那一年冬天,傅孟真先生从德国回到中国;回国不久,就往广东担任中山大学文学院院长,并办了一个小规模的历史语言研究所。后来又应蔡子民先生之邀,担任中央研究院历史语言研究所所长。不久,在《历史语言研究所集刊》第一本发表了一篇文章,题目叫做《历史语言研究所工作旨趣》。因为我们平常都是找材料的人,所以他那篇文章特别注重材料的重要。这里面有几点是在他死后他的朋友们所常常引用的。他讲到中国三百多年的历史学、语言学的考据,与古韵古音的考据,从顾亭林、阎百诗这两个开山大师起,一直到十九世纪末年,二十世纪初年。在这三百多年当中,既然已经有人替我们开了一个新纪元,为什么到现在还这样倒楣呢?傅先生对于这个问题,提出了三个最精辟的解答:

一、凡是能直接研究材料的就进步;凡是不能直接研究材料,只能间接研究材料的,或是研究前人所研究的材料或只能研究前人所创造的材料系统的就退步。

二、凡一种学问能够扩充或扩张他的研究材料的便进步;凡不能扩张他的材料的便退步。

三、凡一种学问能够扩充他作研究时所应用的工具的便进步；凡不能扩充他研究时应用的工具的便退步（在这里，工具也视为材料的一种）。

所以傅先生在他这篇文章中的结论，认为中国历史学、语言学之所以能够在当年有光荣的历史，正是因为当时的顾亭林、阎百诗等大师能够开拓的用材料。后来所以衰歇倒楣，也正是因为题目固定了，材料不大扩充了，工具也不添新的了，所以倒楣下去。傅先生在那篇文章里为中央研究院历史语言研究所提出了三条工作旨趣：

一、保持顾亭林、阎百诗的遗训。要运用旧的新的材料，客观的处理实在的问题。因为解决问题而更发生新问题；因为新问题的解决更要求更多的材料。用材料来解决问题，运用旧的新的材料，客观地处理实在的问题，要保持顾亭林、阎百诗等三百多年前的开拓精神。

二、始终就是扩张研究材料，充分的扩张研究材料。

三、扩充研究用的工具。

以上是傅先生在民国十七年——北伐还没有完成，北伐军事还没有结束的时候——就已经提出的意见。他在这篇文章里面还发表了一个很伟大的梦想。他说我们最注意的是求新的材料。所以他计划要大规模的发掘新材料：

第一步，想沿京汉路，从安阳到易州这一带去发掘。

第二步，从洛阳一带去发掘；最后再看情形一步一步往西走，一直走到中亚西亚去。在傅先生那一篇并不很长的"工作旨趣"里面，在北伐革命军事还没有完成的时候，他已经在那里做这样一个扩大材料的梦想。而在最近这二十年来，中央研究院在全国学术机关内，可以说充分做到了他所提出的三大旨趣。我虽是中央研究院的一份子，却并不是在这里做广告。我们的确可以说，他那时所提出的工作旨趣，不但是全国，亦是全世界的学术界所应当惊异的。

我在民国十七年发表的一篇文章，题目是《方法与材料》，已收在《文存》第三集内，后来又收在《胡适文选》里面。[1] 我不必详细的讲它了。大意是说：材料可以帮助方法；材料的不够，可以限制做学问的方法；而且材料的不同，又可以使做学问的结果与成绩不同。在那篇文章里面，有一个比较表，拿西历1600年到1675年，七十五年间的这一段历史，与东方的那段七十多年间的历史相比较，指出中国和西方学者做学问的工作，因为所用材料的不同，成绩也有绝大的不同。那时正是傅先生所谓顾亭林、阎百诗时代；在中国那时候做学问也走上了一条新的路，走上了科学方法的路。方法也严密了；站在证据上求证明。像昨天所说的顾亭

---

[1] 编者注：即《治学的方法与材料》一文。

林要证明衣服的"服"字古音读作"逼",找了一百六十个证据。阎百诗为《书经》这部中国重要的经典,花了三十年的工夫,证明《书经》中所谓古文的那些篇都是假的。差不多伪古文里面的每一句,他都找出它的来历。这种科学的求证据的方法。就是"大胆的假设,小心的求证"的方法。这种方法与西洋的科学方法,是同样的了不得的。

但是在同一个时期,——在1600—1675年这一段时期,——西洋做学问的人是怎么样呢?在十七世纪初年,荷兰有三个磨玻璃的工匠,他们玩弄磨好的镜子,把两片镜片叠起来,无意中发明了望远镜。这个消息传出去以后,意大利的一位了不得的科学家伽利略(Galilei),便利用这一个原理,自出心裁的制造成一个当时欧洲最完美的最好的望远镜。从这个望远镜中发现了天空中许多新的东西。同时在北方的天文学家,刻伯勒(Kepler)正在研究五大行星的运行轨道。他对于五大行星当中火星的轨道,老是计算不出来,但是收集了很多材料。后来刻伯勒就假设说,火星轨道不是平常的圆形的而是椭圆形的;不但有一个中心而且有两个中心。这真是大胆的假设;后来证实这个假设是对的,成为著名的火星定律。当时刻伯勒在北方,伽利略在南方,开了一个新的天文学的纪元。伽利略死了二三十年以后,荷兰有一位磨镜工匠叫做李文厚(Leeuwenhoek),他用简单的显微镜看毛细管中血液的运行和筋腱的纤维。他看见了血球、精虫，以及细菌学（1675年），并且绘了下来。我们可以说，微菌学是萌芽于西历1675年的。伽利略并且在物理学上开了新的纪元，规定了力学的几个基本原理。

就在伽利略去世的那一年（西历1642），一位绝大的天才科学家——牛顿（Newton）——在英国出世。他把刻伯勒与伽利略等人的发现，总结起来，做一个更大胆的假设，可以说是世界上有历史以来最大胆的二、三个假设中的一个，就是所谓万有引力的定律。整个宇宙所有这些大的星，小的星，以及围绕着太阳的各行星（包括地球），所以能够在空中，各循着一定的轨道运行，是什么原因呢？就是因为有万有引力的缘故。在这七十五年中，英国还有两位科学家我们必须提到的。一位是发明血液循环的哈维（Harvey），他的划时代的小书是1628年出版的。一位是了不得的化学家波耳（Boyle），他的在思想史上有名的著作《怀疑的化学家》是1661年出版的。

西方学者的学问工作，由望远镜、显微镜的发明，产生了力学定律、化学定律，出了许多新的天文学家、物理学家、化学家、生理学家。新的宇宙出现了。但是我们中国在这个时代，在学者顾亭林、阎百诗的领导下做了些什么呢？我们的材料是书本。顾亭林研究古韵，他的确是用新的方法，不过他所用的材料也还是书本。阎百诗研究古文《尚书》，也讲一点道理，有时候也出去看看，但是大部分的材料都是书本。这三百多年来研究语言学、文字学所用的材料都是书本。可是西方同他们同时代的人，像刻伯勒、伽利略、牛顿、哈维、波耳，他们研究学问所用的材料就不仅是书本；他们用作研究材料的是自然界的东西。从前人所看不清楚的天河，他们能看清楚了；所看不见的卫星，他们能看见了；所看不出来的纤维组织，他们能看出来了。结果，他们奠定了三百年来新的科学的基础，给人类开辟了一个新的科学的世界。而我们这三百多年来在学问上，虽然有了了不起的学者顾亭林、阎百诗做引导，虽然可以说也有"大胆的假设，小心的求证"的方法，但是因为材料的不同，弄来弄去离不开书本，结果，只有两部《皇清经解》做我们三百年来治学的成绩。这个成绩跟三百年来西方科学的成绩比起来，相差真不可以道里计。而这相差的原因，正可以说明傅先生的话：凡能够扩充材料，用新材料的就进步；凡是不能扩充新的材料，只能研究旧的，间接的材料的就退步。我在那篇文章里面有一张表，可以使我们从这七十五年很短的时间中，看出材料不但是可以限制了方法的使用，而且可以规定了研究的成绩如何。所以我那篇文章后面也有一个和傅先生相类似的意见，就是说：就纸上的考证学，也得要跳过纸上的材料——老的材料，去找新的材料，才可以创造出有价值的成绩。我那篇文章虽然没有他那一种远大的大规模的计划，但是也可以做为他那篇历史上很重要的宣言的小小注脚。我们的结论都是一样的；所不同的地方是我始终没有他那样大规模的梦想：做学问的团体研究，集团研究（Corporate Research）。培根在三百多年前曾有过这种梦想——找许多人来分工合作，大规模的发现新的真理，新的意思，新的原则，新的原理；在西洋各国已经逐渐实现了。中国方面，丁文江先生在北平创立了中国地质调查所，可以说是在北方的一个最重要的学术研究团体，为团体研究，以收集新材料开辟了一个新的领土。在民国十七年，中央研究院成立，尤其是历史语言研究所的成立，在中国的语言学、历史学、考古学、人类学各方面，充分的使用了傅先生的远大的见识，搜罗了全国第一流的研究人才，专家学者，实地去调查、去发掘。例如，安阳的十五次发掘，及其他八省五十五处的发掘，和全国各地语言语音的调查，这些工作，都是为扩充新的材料。除了地质调查所以外，历史语言研究所可以说是我们规模最大成绩最好的学术研究团体。我们也可以说，中国文史的学问，到了历史语言研究所成立以后才走上了完全现代化、完全科学化的大路，这是培根在三百年前所梦想的团体研究的一个大成绩。

不论团体研究也好，个人研究也好，做研究要得到好的成绩，不外上面所说的三个条件：一、直接的研究材料；二、能够随时随地扩张材料；三、能够扩充研究时所用的工具。这是从事研究学问而具有成绩的人所通有的经验。

我在开始讲"治学方法"第一讲的时候，因为在一个广场中，到的人数很多，没有黑板，没有粉笔，所以只能讲一些浅显的小说考证材料。有些人认为我所举的例太不重要了。不过今天我还要和诸位说一说，我用来考证小说的方法，我觉得还算是经过改善的，是一种"大胆的假设，小心的求证"的方法。我可以引为自慰的，就是我做二十多年的小说考证，也替中国文学史家与研究中国文学史的人扩充了无数的新材料。只拿找材料做标准来批评，我二十几年来以科学的方法考证旧小说，也替中国文学史上扩充了无数的新证据。

我的第一个考证是《水浒传》。大家都知道《水浒传》是七十一回，从张天师开始到卢俊义做梦为止。但是我研究中国小说，觉得可以分为两大类。像《红楼梦》与《儒林外史》是第一类，是创造的小说。另一类是演变的小说；从小的故事慢慢经过很长时期演变扩大成为整部小说；像《水浒传》《西游记》《隋唐演义》《封神榜》等这一类故事都是。我研究《水浒传》，发现是从《宣和遗事》这一本很小的小说经过很长的时期演变而来。在演变当中，《水浒传》不但有七十一回的，还有一百回的、一百二十回的。我的推想是：到了金圣叹的时候，他以文学的眼光，认为这是太长了；他是一个刽子手，又有文学的天才，就拿起刀来把后面的割掉了，还造出了一个说法，说他得到了一个古本，是七十一回的。他并且说《水浒传》是一部了不得的书，天下的文章没有比《水浒》更好的。这是文学的革命，思想的革命；是文学史上大革命的宣言。他把《水浒》批得很好，又做了一篇假的序，因此，金圣叹的《水浒》，打倒一切的《水浒》。我这个说法，那时候大家都不肯相信。后来我将我的见解，写成文章发表。发表以后，有日本方面做学问的朋友告诉我说：日本有一百回，一百二十回本的《水浒传》。后来我在无意中又找到了一百十五回本，一百二十四回本和一百十九回本。台大的李玄伯先生也找到一百回本。因为我的研究《水浒传》，总想得到新的材料，所以社会上注意到了，于是材料都出来了。这就是一种新材料的发现，也就是二十多年来因我的提倡考证而发现的新材料。

关于《红楼梦》，也有同样的情形。因为我提倡用新的观点考证《红楼梦》，结果我发现了两种活字版本，是乾隆五十六年和五十七年的一百二十回本。有人以为这个一百二十回本是最古的版本，但也有人说《红楼梦》最初只有八十回，后面的四十回是一个叫做高鹗的人加上去的。他也编造了一个故事说：是从卖糖的担子中发现了古本。我因为对于这个解释不能满意，总想找新的材料证明是非，结果我发现了两部没有排印以前的抄本，就是现在印行出来的八十回本。

因为考证《红楼梦》的关系，许多大家所不知道的抄本出现了。此外，还有许多关于曹雪芹一家的传记材料。最后又发现脂砚斋的评本《红楼梦》；虽然不完全，但的确是最早的本子——就是现在我自己研究中的一本。后来故宫博物院开放了，在康熙皇帝的一张抽屉里，发现曹雪芹的祖父曹寅的一大批秘密奏折。这个奏折证明当时曹家地位的重要。曹雪芹的曾祖、祖父、父亲、叔父三代四个人继续不断在南京做江宁织造五十年，并且兼两淮盐运使。这是当时最肥的缺。为什么皇帝把这个全国最肥的缺给他呢？因为他是皇帝的间谍，是政治特务；他替皇帝侦查江南地方的大臣，监视他们回家以后做些什么事，并且把告老回家的宰相的生活情形，随时报告皇帝。一个两江总督或江苏巡抚晋京朝圣，起程的头一天，江苏下雪或下雨：他把这个天气的情形用最快的方法传达给皇帝。等到那个总督或巡抚到京朝见时，皇帝就问他"你起程的头一天江苏是下雪吗？"这个总督或巡抚听到皇帝的这个问话，当然知道皇帝对于各地方的情形是很清楚的，因此就愈加谨慎做事了。

我所以举《红楼梦》的研究为例，是说明如果没有这些新的材料，我们的考证就没有成绩。我研究这部书，因为所用的方法比较谨严，比较肯去上天下地，动手动脚找材料，所以找到一个最早的"脂砚斋抄本"——曹雪芹自己批的本子——，和一个完全的八十回的抄本，以及无疑的最早的印本——活字本——，再加上曹家几代的传记材料。因为有这些新材料，所以我们的研究才能有点成绩。但是亦因为研究，我们得以扩张材料；这一点是我们可以安慰自己的。

此外如《儒林外史》，是中国的第一部小说。这本书是一个很有思想的吴敬梓做的。当我在研究时，还不知道作者吴敬梓是安徽全椒人。我为了考证他的人，要搜求关于他的材料。不到几个月的工夫，就找到了吴敬梓诗文集、全集，后面还附有他儿子的诗。这厚厚的一本书，在书店中别人都不要的，我花一块半钱就买到了。这当是一个海内孤本（我恐怕它失传，所以重印了几千册）。就拿这种考证来讲，方法与材料的关系是很重要的。如果没有材料，就没有法子研究；而因为考证时能够搜求材料，又可以增加了许多新材料。

我再用佛教史的研究说明扩张材料。我那年在英国大英博物院看敦煌卷子的时候，该院一位管理人告诉我说：有一位日本学者矢吹庆辉刚刚照了许多卷子的影片带回去。后来矢吹庆辉做了一本书叫《三阶教》。这是隋唐之间佛教的一个新的研究；用的材料，一部分是敦煌的卷子，一部分是日本从唐朝得来的材料。

我搜求神会和尚的材料，在巴黎发现敦煌所藏的两个卷子。我把它印出来以后，不到三年，日本有位石井实先生，买到了一个不很长的敦煌的卷子，也是与神会和尚有关的材料。这个卷子和我所发现的材料比较起来，他的前面一段比我发现的少，后面一段比我发现的多。这个卷子，他也印出来了。另外一位日本学者铃木，也有一卷关于神会的卷子；这和我所发现的是一个东西，但是抄写的不同，有多有少，可以互相补充。因为考证佛教史中禅宗这个小小的问题，增添了上面所说的许多材料。

日本的矢吹先生在伦敦博物院把敦煌所藏的卷子，照了许多影片带回日本以后，日本学者在这些照片里面发现了一件宝贝，就是上面讲到的，南方韶州地方不认识字的和尚，禅宗第六祖慧能的语录——《坛经》。这是从来没有的孤本，世界上最宝贵的本子。这本《坛经》只有一万一千言；在现在世面上流行的本子有二万二千言。这本《坛经》的出现，证明现在流行的《坛经》有百分之五十是后来的一千多年中和尚们你增一条，我添一章的加进去的，是假的。这也是佛教史上一个重要的发现。总之，因为我考证中国佛教新的宗派在八世纪时变成中国正统的禅宗的历史,我就发现了许多新的材料。

最后我感谢台湾大学给我这个机会——讲学。我很惭愧,因为没有充分准备。我最后一句话,还是我开头所说的"大胆的假设,小心的求证"。在求证当中,自己应当自觉的批评自己的材料。材料不满意,再找新证据。这样,才能有新的材料发现;有新材料才可以使你研究有成绩、有结果、有进步。所以我还是要提一提台大前任校长傅先生的口号:"上穷碧落下黄泉,动手动脚找东西。"

(本文为1952年12月6日胡适在台湾大学的演讲,原载1952年12月7日台北《"中央"日报》、《新生报》)

新文学运动之意义

鄙人今天到这里来演讲,是很荣幸的一件事;但是我来武汉,这是第一次,武汉之有公开的学术演讲,这回是第一次,所以我今天到这里来演讲,自己心里又喜又怕,喜的是这第一次公开的学术演讲,今天居然开了台;怕的是这第一次演讲,我怕弄不好,以致拆了台。

现在中国外交这种紧迫之时,还能够发起这种学术演讲,所以我在北京南下的时候,一般朋友们都很赞成我南下,我个人自己也是很愿意。

今天的讲题是新文学运动之意义,这个题目,我从来没有讲过,大家在这个时候,以为这个题目,可以说是过去了的。不过现在就不是这样了,在这新文学运动的时期之中,我何以从没有讲过,今天反要向诸位讲的是什么道理呢?因为今年有一般思想很顽固的人,得了很大的势力,他们居然利用他们的势力，起来反抗这种时代之要求，时代之潮流，并摧残这种潮流要求，摧残新文学，到了现在，有几行省公然禁令白话文，学校也不取做白话文的学生，因为这个原故，我们从前提倡白话文学的人，现在实有重提之必要，所谓新文学的运动，简单地讲起来，是活的文学之运动，以前的那些旧文学，是死的，笨的，无生气的；至于新文学可以代表活社会，活国家，活团体。

实在讲起来，文学本没有什么新的旧的分别，不过因为作的人，表现文学，为时代所束缚，依此沿革下来，这种样子的作品就死了，无以名之，名之为旧文学。

我们看文学，要看它的内容，有一种作品，它的形式上改换了，内容还是没有改，这种文学，还是算不得新文学，所以看文学，不能够仅仅从它的形式上外表上看。这么一说，文学要怎样才能新呢？必定先要解放工具，文学之工具，是语言文字，工具不变，不得谓之新，工具解放了，然后文学底内容，才容易活动起来。

今天这种讲演并不是对那般顽固的人而发，我们也不必同他谈。此外那般对于新文学信仰的人们以及不信仰反对者，持这种态度的人，我们要将此意，对着他们明白地讲出来，务使他们明了新文学之真意义及它的真价值，那么对于自己的作品以及工作才看得起有价值，对外哩，向着他持反对论调者，也可以与之争辨讨论，这就是我今天讲新文学运动之意义的原因。

有一般人以为白话文学是为普及教育的。那般失学的人们以及儿童，看那些文言文不懂，所以要提倡白话，使他们借此可以得着知识，因为如此，所以才用白话文，但是这不过是白话文学之最低限度的用途，大家以为我们为普及教育为读书有兴趣，为容易看懂而提倡白话文学，那就错了，未免太小视白话文学了，这种种并不是新文学运动之真意义。

一般的人，把社会分成两个阶级，一种是愚妇顽童稚子，其他一种是知识阶级，如文人学士，绅士官吏。作白话文是为他们——愚夫愚妇，顽童稚子——可以看而作，至于智识阶级者，仍旧去作古文，这种看法，根本的错误了，并不是共和国家应有的现象。这样一来，那般文人学士是吃肉，愚夫愚妇是吃骨头，他们一定不得甘心的，一定要骂文人学士摆臭架子的。由此看来那般为平民而办的白话报，为平民而办注音字母，这种见解，是把社会分成二段阶级，在事实上原则上都说不过去。我们要这样想，那般平民以及小孩子，读了几年的白话文，念过了几本平民千字课，而社会上的各种著作，完全是用文言文著述的，他们还不是一样的看不懂吗？社会上既然没有白话文学的环境，白话文学的空气，学白话文学的人们，将来在社会上没有一处可以应用，如果是这种样子，倒不如一直仍旧去念那子曰诗云罢，何必自讨没趣呢？照这样看来，虽然是为平民教育而提倡白话文学，但是学的人到社会里面去，所学无所用，那么，当初又何必要学呢？所以顶要紧的，就是要造一种白话文学的环境，白话文学的空气，这样学的人才有兴趣。

新文学之运动，并不是一人所提倡的，也不是最近八年来提倡的，新文学之运动是历史的，我们少数人，不过是承认此种趋势，替它帮忙使得一般人了解罢了。不明白新文学运动是历史的，以为少数借着新文学出风头的人们，现在听了我这话，也可了解了，新文学运动，决不是凭空而来的，决不是少数人造得起的。

明白了我以上所讲的话，现在就继续讲新文学运动历史上的意义。

古文文言，不是我们近年以来说它是死的，它的本身，在二千年以前，早已就死了的，当二千年，汉武帝时候，宰相公孙弘上书给汉武帝，大意是说他那时候上谕法律等文章，做得美固然是美，内含的意思虽然是雄厚，但是一般小吏却看不懂，做小官的人们，尚且看不懂，况小百姓呢？想挽救这种流弊，所以才劝武帝办科举，开科取士，凡能够看得懂古文者，上头就把官〔给〕他作，借以维持死的文学。公孙弘想出这种科举方法来，开一条利禄的路，引诱小百姓去走，这种维持死的文学之方法，可以说是尽美尽善矣，这样一来，所以全国小百姓们的家庭里，如果有个把略为聪明的儿童，至少要抄几部书，给他们的小孩子读去，请一个教书的先生，替他们的小孩子讲解，教给他们的小孩子要怎样去读，如此做下去，国家也不用花掉好多钱去办什么学校，没有学校，就没有学生闹风潮，也没有教员向着政府索薪了，国内也不知省了多少事，简了多少钱；而他一方面，死的文学，可以维持，所以死的文学，能够苟延残喘到二千多年的，就是因为如此，在这二千年之中，上等的人，有知识的人，既不反对，下等的人，一般民众，也只得由他们干去，由此下等人学上等人，小人物学大人物，要官作，要利禄，也不得不如此，方法未尝不美，至于谈到了文学那一层，那就不够谈了。文学是人的感情，用文字表达出来，现在有一个人，他有一种情感，要用文字表现出来，而为时代所束缚，换言之作不了古文，这个人想发表他的情感，非用一二十年的苦工，去念那死板板的文字不可，照时间上说起来，未免太长了，要学也恐怕来不及了。因为如此，那般匹夫匹妇，痴男怨女，也顾不得这许多了，他们想歌，就用他们自己的语言歌出来，想唱就用他们自己的语言唱出来。那般民歌童谣儿歌恋歌之类，就是由此产生出来，在这二千年之中，他们——匹夫匹妇，痴男怨女——因为要表现他们的文学情感，倡了许多很好的很有价值的白话文学来，歌唱之不足，他们又要听故事，演故事，所以小说戏剧之文学，亦由此而生，不仅痴男怨女，匹夫匹妇如此，那般和尚们翻译佛教的经典，如果作得太古了，这般民众不说是听不懂，就是看也看不懂，因为如此，所以就用经典上意义，编出一种弹词歌谣来，使他们容易去懂，在敦煌那块，发现出来用弹词歌体所翻出之佛经不少，如是佛曲就变成了白话之文学了。至于和尚们讲学，如果用着古文去讲，大家就不能了解，所以唐朝的禅宗，用白话去讲经，学生们也用白话去记录，写成散文开了后代一种语录的风气。在这二千年当中，所有一般大文学家，没有一个不受了白话文学之影响，乐府是其一例，今日看一看乐府，尽都是用白话体裁写出，那般创造文学的大文学家，却没有一个不在摹仿乐府。唐朝的诗集子，头一部就是乐府，乐府是白话，学乐府就是学白话，其结果所以都近乎白话，唐朝的诗，宋朝的词，所以好懂。所以就很通行，《唐诗三百首》，其中所载，大半是白话或近乎白话。后有以为作诗有一定格律，字句之长短，平仄声均有一定公式，嫌太拘束，故改之为句之长短不定的词，词之作法，也有一定，又生出一种曲来，这种曲子，是教给教坊歌妓们唱的，因为要他们了解，所以用白话，当时的一般文人学士，一方面作古文求功名骗政府，一方面巴结那般好看的女人，结歌妓们欢心，所以又要白话文学。元、明、清五百年中，产出不少的长篇小说来，这时白话文学，真是多极了。上海一处的书店，每年销售的《水浒》，《三国演义》，《西游记》这三种小说，年在一百万部以上，我们由此一看，五百年来，不是孔、孟、程、朱、《四书》、《五经》的势力，乃是《水浒》，《三国演义》，《西游记》的势力。

照上面讲的看来，这二千年之中，乐府，诗歌词曲等的白话文学，占了很不少的势力，并且有很大的部分是有价值的，可以和世界上各种著名文学的作品相抗衡而无愧色，他一方面讲来，古文文学，在二千年中早已死过去了。此种很好的很有价值的文学之产生，是因为有一般文人学士，不受政府的利禄之引诱，要歌就放情地歌，要唱就放情的唱，所以他们就有伟大的成功，有很大的贡献，如果没有这伟大的成功，这很大的贡献，我们无论如何，是提倡不起来的。

有一般人以为古文是雅的，白话文学是民间的，粗俗的，退化的，这一层我们现在也不得不说明一下子。

我们要晓得在二千年之中，那时候的小百姓，我们的老祖宗，就已经把我们的语言改良了不少，我们的语言，照今日的文法论理上讲起来，最简单最精明，无一点不合文法，无一处不合论理，这是世界上学者所公认的。不是我一个人恭维我们自己。中国的语言，今日在世界上，为进化之最高者，因为在二千年里头，那般文人学士，不去干涉匹夫匹妇的说话，语言改革，与小百姓有最大的关系，那般文人硕士，反是语言改革上最大的障碍物。

古文变化，甚觉讨厌，如"我敬他"为"吾敬之""我爱他"为"吾爱之，"至于说没有看见他，又变作"未之见也"，小学生读书作文时，如果写一句"未见之也"，先生一定要勾上来作"未之见也"，问他是什么原因，他也讲不出来，只说古人是这样做的，这般老先生们，不晓得文法，只晓得摹仿；那般小百姓，他们只讲实在，求方便，直名之曰，"我打他，""他打我"都可以，至于在文言上"吾打之"则可，如用"之打吾"那就不通了，小百姓把代名词变化取消，主格与目的格废掉，因此方便得许许多多了。

在这二千年中，上等的人以及文人学士，去埋头他们的古文，小百姓就改造他们的语言。语言中有太繁了的，就省简一些，有太简了的就增加一点。在汉以前，我你他没有多数，汉以后才有我曹我等我辈，尔曹尔等尔辈，却没彼曹彼辈彼等，后来小百姓们，造出一个们字来，我们可以用，你们可以用，他们也可以用，此为代名词之多数，不但代名词如此，名词亦有多数，如先生们学生们朋友们之类是也。由此看来，老百姓实在是语言学家，文法学家，当补的他们就补上去，当删的就删去了，把中国语言变成世界进化最高之语言，首功要算小百姓，这是因为那般文人学士没有管的〔原〕因。英国文字之不如中国，因为在三百年前，遇着文人学士规定了，中国的小百姓，有二千年自由修改权，把中国的语言，改之为最精明最简单的。照此看来，白话并不是文言的退化，是文言的进化了。

此就语言方面是如此，至于文学，在二千年中的各种乐府，诗词，歌曲，积下来很多了，我们现在运动，就可拿来作我们的资本。

白话文学的趋势由来很久，何以须要我们运动呢？其原因如下。

科举是维持死文学之唯一方法，以前是拘于科举后来科举废了，何以没有新文学产生呢？因为自然的变迁是慢的，缓缓地衍化，现在自然变迁不够了，故要人力改造，就是革命，文学方面如仅随着自然而变化是不足的，故必须人力。照此一讲，我们应该作有意义的主张，白话是好文学，有成绩在可以证明。现在我们头一句就要说古文死了二千年了，要哭的哭，要笑的笑。

我们当记着下面那三种意义：

（一）白话文学是起来替古文发丧的，下讣文的。

（二）二千年中之白话文学有许多有价值的作品，什么人也不能否认。

(三) 中国将来之一切著作，切应当用白话去作。

白话是活的，用白话去作，成绩一定好，死文字不能产生活文学，要创造活文学，所以就要用白话。

由上看来，新文学之运动，并不是由外国来的，也不是几个人几年来提倡出来的，白话文学之趋势，在二千年来是在继续不断的，我们运动的人，不过是把二千年之趋势，把由自然变化之路，加上了人工，使得快点而已。

这样说来，新文学运动是中国民族的运动，我们对之，应当表示相当的敬爱。

再者那般〔班〕老百姓们，以方便为标准，去修改语言，语言较之宗教，尤其守旧，所以革新语言，非一朝一夕所能，政府下命令也是无效的，要他们那种清醒的头脑，继续不断地改革，我们对于这种人们，也应该表示相当的敬意。

那般〔班〕不受利禄束缚的人们，不受死文学引诱的作白话乐府，诗词，歌曲，小说先生们，我们对于他们，也应当表示相当的敬意。

照此看来，无论军阀的权威如何，教育总长的势力如何，这两三个人决定不能摧残者，也可以抱相当的乐观。

我们总要努力做去，自然可以达到胜利之地位，那怕顽固者没有服从之一日呢？但是我们却不要轻视了老祖宗的成绩。负创造新文学者，应当表示自己相当负责。

我们更要记着文学之形式解放，要预备得更丰富，文言与白话，并不是难易上的问题，文学要有情感要修养。所谓文学家者，决不能说是看了几本《蕙的风》，《草儿》，《胡适文存》之类的书籍就算可以了。所以如果尊重新文学，要努力修养，要有深刻的观察、深刻的经验、高尚的见解，具此种种，去创造新文学，才不致玷辱新文学。

九，二九，于武昌大学。
（本文为1925年9月29日胡适在武昌大学的演讲，孟侯记录，原载1925年10月10日《晨报副刊》）

中国文学过去与来路

诸位！近四十年来，在事实上，中国的文学，多半偏于考据，对于新文学殊少研究，以我专从事研究学术与思想的人去讲文学，颇觉不当，但"既来之，则安之"，所以也不得不说几句话。我觉得文学有三方面：一是历史的，二是创造的，三是鉴赏的。历史的研究固甚重要，但创造方面更其〔是〕要紧，而鉴赏与批评也是不可偏废的。马幼渔先生在中国文学系设文学讲演一科，可谓开历来的新纪元，如有天才的人，再加以指导、批评，则其天才当有更大的进展。马先生本来是约我和徐志摩先生作第一次讲演的，不幸得很，志摩死了，只好我来作第一次讲演，以后当讲一讲徐先生的作品，今天讲的题目是："中国文学过去与来路。"这好像是店家看看账一样，究竟是货物的来路如何，再去结算一下总账。过去大约有四条来路，——来路也就是来源。

第一，来源于实际的需要。譬如吾人到研究室里去，看看甲骨文字，上面有许多写着某月某日祭祀等等，巴比仑之砖头，上面写信，写着某某人，我们中国以前也用竹简或木简，近来在西北所发现的竹简很多，像这些祭祀、通信、卜辞、报告等等，都是因为实际的需要才有的，这些是记事的体裁，如《墨子》《庄子》……等书，也都是为着实际的需要才逼出来的。

第二，来源于民间。人的感情在各种压迫之下，就不免表现出各种劳苦与哀怨的感情，像匹夫匹妇，旷男怨女的种种抑郁之情，表现出来，或为诗歌，或为散文，由此起点，就引起后来的种种传说故事，如《三百篇》大都〔是〕民间匹夫匹妇、旷男怨女的哀怨之声，也就是民间半宗教半记事的哀怨之歌。后来五言诗七言诗，以至公家的乐府，它们的来源也都是由此而起的。如今之舞女，所唱的歌，或为文人所作给她们唱的，又如诗词、小说、戏曲，皆民间故事之重演，像《诗经》、《楚辞》、五言诗、七言诗，这都是由民间文学而来。

第三，来源于国家所规定的考试。国家规定一种考试的体裁，拿这种文章的体裁去考试人材，这是一种极其机械的办法，如唐朝作赋，前八字一定为破题，以后就变为八股了，这是机械的，愈机械愈好，像五言律诗、七言律诗，都是这一种的东西，这没有什么价值，但是它的影响却很大，中国五六百年来，均受此种影响，这也可说是一条来路。

第四，来源于外国文学。中国不幸得很，因为处的地势与环境的关系，没有那一国给中国以新的体裁。只有一条路，即是印度，中国受了印度不少的影响，如小说、诗歌、记事之故事等等，都是受了她的薰染与陶冶的，我们中国不受她的影响，也许会有小说、诗歌、戏曲，但没有她，决不能给我们以绝大之力量的进展，吾人相信受她的影响，比自身当有五六百倍之大，因为我们先人给与我们不过是一些简单之文字，如"子曰……诗云……"等是，而想像力又很薄弱，吾民族可谓极简单极朴实之民族，如《离骚》之想像力，尚称较为丰富，但其思想充其量亦不过想到上天下地而已，印度就大不然了，如《般若经》等等，不惟想到天上有天，以至三十三重天，而且想到大千世界，以至无数的天，又如《维摩诘经》不过为一简单之小说，吾人却当一经典，到处风行，又如《法华经》，以及其他各种经典，讲佛家的故事，讲释迦牟尼成佛的故事……能给予吾人以有兴趣的深切的感觉，不知不觉也随之到了一种佛的境界，这种力量是何等的重大，思想是何等的高深啊！像《西游记》《封神榜》这一类的书，都是受了它们绝大的影响的，譬如俗语说："看了《西游记》，到老不成器，看了《封神榜》，到老不像样。"这些话都足以证明此二书风行之普遍，与灌输民间思想之深入。其实这两种书描写的不受事实之拘束，与想像力之解放，都是受了印度佛教的思想，他们这种想像力之解放与奔腾，实为吾思想简单朴实之民族所不能及。前在敦煌石室，发现种种佛家文学，亦甚重要。总之如无印度文学，决不会产生像《西游记》《封神榜》这一类有价值的东西，她实在直接间接的给予吾人以各种丰富的想像，吾人才会产生好的文学来。

这四条路，第三条虽是与中国文学影响很大；但是有害的，没有什么价值，最重要的还是第二条路的民间文学，占一个极重要的位置，中国文学史没有生气则已，稍有生气者皆自民间文学而来。前与傅斯年先生在巴黎时谈起民间文学有四个时期：第一个时期，是诗词、歌谣，本身的自然风行民间。第二个时期，是由民间的体裁传之于文人，一些文人们也仿着这种体裁做起民间的文学来。第三个时期，是他们自己在文学里感觉着无能，于是第一流的文学家的思想也受了影响，他们的感情起了冲动，也以民间的文学作为体裁而产生出一种极伟大的文学，这可以说是一个很纯粹的时期。第四个时期，是公家以之作成乐府，此时期可谓最出风头了。但是到了极高峰，后来又慢慢的低落下来了，如乐府《陌上桑》是顶好的文学作品，后来就有人摹仿着作《陌上桑》，例如胡适之又摹仿那个摹仿作《陌上桑》的人作《陌上桑》，后来又有人摹仿胡适之作起来，这样以至无穷无穷，才慢慢的变为下流。如词曲、小说，都是这样，先有王实甫、曹雪芹、施耐庵等，后来就有人摹仿他们，以至低落下去，这样一来，是很危险的。

民间文学，一般士大夫（外国所谓之Gentleman）向来看不起他们，这是因为：第一缺陷，来路不高明，他们出身微贱，故所产生的东西，士大夫们就视作雕虫小技，《诗经》，是他们所不敢轻视的，因为是圣人所订，《楚辞》为半恋爱半爱国的热烈的沉痛的感情奔放作品，故站得住，五七言诗为曹氏所扶植，因他们为帝王，故亦站得住，词曲、小说，不免为小道，皆为其出身微贱的原故。第二缺陷，因为这些是民间细微的故事，如婆婆虐待媳妇啰，丈夫与妻子吵了架啰，……那些题目、材料，都是本地风光，变来变去，都是很简单的，如五七言诗，词曲等也是极简单不复杂的，这是因为匹夫匹妇，旷男怨女思想的简单和体裁的幼稚的原故，来源不高明，这也是一个极大的缺陷。第三缺陷为传染，如民间浅薄的、荒唐的、迷信的思想互相传染是。第四缺陷，为不知不觉之所以作，凡去写文艺的，是无意的传染与摹仿，并非有意的去描写，这一点甚关重要，中国二千五百年的历史，可谓无一人专心致意的来研究文学,可谓无一人专心致意的来创造文学!这种缺陷是不可以道里计的。到了唐朝,韩退之、白香山等深感觉骈文流行之不便,才把他们认为古文的改为散文,这种运动,可说是一种文学运动,二千五百年无一人有此种运动,十四年前有新文学运动,亦为此一种,这是由无意的传染一变而为有意的研究。

新文学的来路,也有两条:

一,就是民间文学,如现今大规模的搜集民间歌谣故事等;帮助新文学的开拓,实非浅鲜。

二,除印度外,即为欧洲文学,我们新的文学,受欧洲影响极大,欧洲文学,最近两三百年如诗歌、小说等皆自民间而来,第一流人物,把这种文学看作专门事业,当成是一种极高贵的、极有价值的终身职业,他们倡导文学的是极有名的人,如华茨华斯(William Wordsworth 1770—1850)、莫泊霜(Maupassant 1850—1893)等等都是倡导文学的第一等人材,他们的文学并非由外传染,而是由内心的创造,他们是重视文学的,有这种种原故,所以才能产生出伟大的作品。我们的新文学,现在我们才知道有所谓自然主义、浪漫主义、写实主义、象征主义、心理分析,……种种派别之不同,并非小道可比,这是我们受了西洋文学的洗礼的结果。

今日替诸位算一算旧账,现在当教授的也提倡民间文学,以新的眼光和新的方法去看待它,也许从二千五百年以来要开辟一条新的道路。

(本文为1931年12月30日胡适在北京大学国文系的演讲,翟永坤笔记,原载1932年1月5日天津《大公报》)

四十年来的文学革命

早在印度、米苏波达米亚、地中海地区与东亚"人类智慧与文化成熟"的辉煌时代,中国人民已有很高的文化发展,其程度足与当时世界任何地区的任何文化相媲美。

但是古代中国文化并非没有严重的缺点。缺点之一是缺少一种字母来写出日用的语言。

这一差强人意的特征是中国文化极端的单纯与规律——这可能是古代人民能够仅有一种书用文字,没有受益于字母的便利,而能相处自得的主要原因。

在孔孟时代(公元前550—350年),中国文学上诗与散文的发展盛极一时,这种文学的形式,无可怀疑的,根据当时所用的语言写成。孔子的《论语》,以及老子与孟子的著作与古代所遗留下来的哲学与文学作品,也多多少少代表了当时所用的语言。

可是这种古代的文字在廿二世纪以前，中国变成一个统一的帝国的时候，却成了一个死的，至少是半死的文字。

这一地区辽阔的统一的帝国，在遍及境内纵横的官方通讯交通中，需要一个共同的（古文作）媒介。

在公元前124年，汉朝开始制定对古文的知识是任官的先决条件。这是以古文为基础的中国文官考试制度的开始。

二十二个世纪的统一帝国与二十个世纪的文官考试共同维持了一个死去的文字，使它成为一个教育的工具，合法与官用的交通、与文学上——散文与诗——颇为尊重的媒介。

可是许多世纪以来，普通的人民——街市与乡村的男人和妇女——他们所用仅有的一种语言，也就是他们本乡本土的语言，创造了一种活的文学，有各色各样的形式，——表达爱情与忧愁的民谣、古老的传说、街头流传的歌颂爱情、英雄事迹、社会不平、揭发罪恶等等的故事。

甚至一千年以前的一些和尚，也用这种语言记载下了他们的一些开诚布公的发现与经典的解释。十二世纪以及以后的一些经学大师们也将他们之间的谈话与论辩，用这种语言写了下来遗留给后代。

简而言之，中国文学有史以来有两个阶层：(1)皇室、考场、宫闱中没有生命的模仿的上层文字；(2)民间的通俗文字，特别是民谣、通俗的短篇故事与伟大的小说。

这些写下的伟大的短篇故事与小说印成巨册——其中有一些在近数百年以来一直是销路最佳的作品。

这些伟大的故事与小说成了学习标准日用语言（白话）的教师。

可是其中缺少一个重要的因素，——对于这种语言质美单纯，达意的"自觉的承认"与"有意的"的主张白话作为教育与文学必要而且有效的工具的努力。

我与我的朋友在四十年以前所作的只是弥补这一缺陷。

我们公开承认白话是文学上一个美丽的媒介，在过去一千年中，特别是近五百年中它已产生了一种活的文学，并且是创造与产生现代中国文学的一个有效的工具。

这一运动——一般称为文学革命，但是我个人愿意将它叫做"中国的文艺复兴"——是我与我的朋友在1915、1916与1917年在美国的大学的宿舍中所发起的。直到1917年，这一运动才在中国发展。

经过几年的艰苦奋斗与激烈的争辩以后，这一运动最后受到全国的承认与接受。

（本文是1961年1月10日胡适在台北中山路美军军官眷属俱乐部的英文演讲，原文载同日 *China Mews*，译文载1961年1月11日《征信新闻》和《"中央"日报》）

陈独秀与文学革命

今天我要讲的题目是"陈独秀与文学革命",这本来是国文系同学研究的材料,想不到报纸上登出去,变成公开的了。陈先生与文学革命的关系,是很有讨论的必要的一个问题,在民国六年,大家办《新青年》的时候,本有一个理想,就是二十年不谈政治,二十年离开政治,而从教育思想文化等等,非政治的因子上建设政治基础。但是不容易做得到,因为我们虽抱定不谈政治的主张,政治却逼得我们不得不去谈它。民国六年第二学期陈先生来到北大,七年陈先生和李大钊先生因为要谈政治,另外办了一个《每周评论》。我也不曾批评它,他们向我要稿子,我记得我只送了两篇短篇小说的译稿去。民国八年,五四以后,有一天陈先生在新世界(香厂)散传单,因为前几天在报纸上看见陈先生的口供,说他自己因为反动,前后被捕三次,在此地被捕一次,就是因为在香厂散传单。那时候高一涵先生和我都在内，大家印好传单，内容一共六条，大概因为学生被拘问题。有一条是要求政府免去卫戌司令王怀庆的职，惩办曹章陆三人……到了十一点钟回家，我和高先生在洋车上一边谈，看见有没关门的铺子，我们又要给他一张。我还记得那时是六月天气正热，我们夜深还在谈话，忽然报馆来电话，说东京大罢工，我们高兴极了；但一会又有电话，说自你们走后，陈先生在香厂被捕了，他是为了这种（件）事被捕，然而报上却载着他是反动！这是反动，那么现在的革命是不是反动？"反动"抹杀了许多事实，他怎么能算是反动？

今天这个题目，说起来有很多不方便的地方，因为我们既是同事，而且主张也颇相同。在民国十二年，上海出版了一部《科学与人生观论集》。那时陈先生已经同我们分别到上海去了。这部二十万字的集子，我做了一篇序，陈先生也写了一篇，他极力反驳我，质问我，陈先生那时已转到马克斯主义那方面去了。他问我所说马克斯的唯物史观可以解释大多数的话，能否再进一步，承认它能解释一切。他说白话文也是因为产业发达，人口集中，才产生出来的，他说"常有人说白话文的局面是胡适之陈独秀一般人闹出来的，其实这是我们的不虞之誉，中国近来产业发达，人口集中，白话文完全是应这个需要而发生而存在的；适之等若在十三年前提倡白话文，只需章行严一篇文章便驳得烟消灰灭，此时章行严的崇论宏议有谁肯听？"他是注重经济的条件的，我也没有反驳他，因为他不否认人的努力，两个人的主张不算冲突，不过客观的条件虽然重要，但不仅限于经济一个条件，至于文化的条件，政治的条件，也是不能否认的。

陈先生与新文学运动有三点是很重要的背景。

一、他有充分的文学训练，对于旧文学很有根底，苏曼殊、章行严的小说文章，他都要做个序子，这是散文方面的成绩。说到诗他是学宋诗的，在《甲寅》杂志他发表过许多作品，署名"独秀山民"、"陈仲"、"陈仲子"，他的诗有很大胆的变化，其中有一首《哭亡兄》，可说是完全白话的，是一种新的创造。他更崇拜小说，他说曹雪芹、施耐庵的《红楼梦》《水浒传》比较归有光、姚姬传的古文要高明得多，在那时说这种大胆的话，大家都惊异得很，这可见他早就了解白话文的重要，他最佩服马东篱的元曲，说他是中国的Shakespeare。

二、他受法国文化的影响很大，他的英文、法文都可以看书，我记得《青年杂志》(即后来的《新青年》)上，他做过一篇《法兰西人与近代文明》，表示他极端崇拜法国的文化，他说法国人发明了三个大东西，第一是人权说Rights of men，在1789年法人Lafayette做《人权宣言》(*La declaration des droits de* l'homme），美国的《独立宣言》也是他做的。第二是生物进化论，法人Lamarck在1809年做《动物哲学》，其后五十年才有达尔文出来，第三是有三个法国人Babeuf，Saint-Simon，Fourier，是马克斯的先声，首开社会主义的风气。但另外还有一点，陈先生没有说到，就是新文学运动，其实陈先生受自然主义的影响最大，看他一篇《欧洲文艺谈》把法国文学艺术的变化分成几个时期：（一）从古典主义到理想主义（即浪漫主义）；（二）从浪漫主义到写实主义；（三）从写实主义到自然主义，把法国文学上各种主义详细地介绍到中国，陈先生算是最早的一个，以后引起大家对各种主义的许多讨论。

三、陈先生是一位革命家，那时我们许多青年人在美国留学，暇时就讨论文学的问题，时常打笔墨官司。但我们只谈文学，不谈革命，但陈先生已经参加政治革命，实行家庭革命，他家是所谓大世家，但因恋爱问题及其他问题同家庭脱离了关系，甚至他父亲要告他，有一次他到北京，他家开的一所大铺子的掌柜听说小东人来了，请他到铺子去一趟，赏个面子，但他却说"铺子不是我的，"可见他的精神。在袁世凯要实现帝制时，陈先生知道政治革命失败是因为没有文化思想这些革命，他就参加伦理革命，宗教革命，道德的革命，在《新青年》上有许多基本革命的信条：（一）自主的不是奴隶的；（二）进步的不是保守的；（三）进取的不是退隐的；（四）世界的不是锁国的；（五）实利的不是虚文的；（六）科学的不是想像的，这是根本改革的策略。民国五年袁世凯死了，他说新时代到了，自有史以来，各种罪恶耻羞都不能洗尽，然而新时代到了，他这种革命的精神，与我们留学生的消极的态度，相差不知多少。他那时所主张的不仅是政治革命，而是道德艺术一切文化的革命！

民国四年《甲寅》杂志最后一期有两篇东西，一篇是《学校国文教材之商榷》，反对用唐宋八家的文章做材料，要选更古的文章，汉魏六朝的东西做教材，这是一趋势，又一篇是《通讯》，名记者黄远庸写的（他后来在美国旧金山被暗杀了），他说："愚见以为居今论政，实不知从何处起说，洪范九畴，亦只能明夷待访，……至根本救济，还意当提倡新文学入手，综之当使吾辈思潮，如何能与现代思潮接触，而促其猛省，而其爱须与一般之人生出交涉法须以浅近文艺，普遍四周，……"章士钊答他说文学革命须从政治下手，此又一潮流。但陈先生却恭维自然主义，尤其是左拉（Zola）。有一个张永言写一封信给他，引起他对文学兴味，引起我与陈先生通讯的兴味，他说现在是古典到浪漫主义的时期，但应当走到写实主义那方面去，不过我同时〔看到〕《新青年》第三号上，有一篇谢无量的律诗《寄会稽山人八十四韵》，后面有陈先生一个跋："文学者，国民最高精神之表现也，国民此种精神委顿久矣,谢君此作,深文余味,希世之音也。子云相如而后,仅见斯篇,虽工部亦只有此工力,无比佳丽,谢君自谓天下文章尽在蜀中,非夸矣,吾国人伟大精神,犹未丧失也欤?于此征之。"他这样恭维他,但他平日的主张又是那样,岂不是大相矛盾?我写了封信质问他,他也承认他矛盾,我当时提出了八不主义,就是《文学改良刍议》,登在《新青年》上,陈先生写了一个跋。

他想到文学改革,但未想到如何改革,后来他知道工具解放了就可产生新文学,他做了一篇《文学革命论》,我的诗集叫《尝试》,刊物叫《努力》,他的刊物叫《向导》,这篇文章又是《文学革命论》!他的精神于此可见。他这篇文章有可注意的两点:(一)改我的主张进而为文学革命;(二)成为由北京大学学长领导,成了全国的东西,成了一个严重的问题。他说庄严灿烂的欧洲是从革命来的,他高张文学革命军大旗,为中国文学辟一个新局面,他有三大主义:(1)推倒雕琢的阿谀的贵族文学,建设平易的抒情的国民文学;(2)推倒陈腐的铺张的古典文学,建设新鲜的立诚的写实文学;(3)推倒迂晦的艰涩的山林文学,建设明瞭的通俗的社会文学,他愿意拖了四十二生的大炮为之前驱,打倒十八妖魔:明之前后七子和归,方,姚,刘!这就是变成整个思想革命!

最后,归纳起来说,他对于文学革命有三个大贡献:

一、由我们的玩意儿变成了文学革命,变成三大主义。

二、由他才把伦理道德政治的革命与文学合成一个大运动。

三、由他一往直前的精神,使得文学革命有了很大的收获。

其他关于陈先生的事,可以看《独立评论》第二十四期傅斯年的《陈独秀案》。

（本文为1932年10月29日胡适在北京大学国文系的演讲,载1932年10月30、31日北平《世界日报》,收入陈东晓编《陈独秀评论》,1933年3月亚东图书馆出版）

中国文学史的一个看法

兄弟今天到这里来讲演，觉得没有什么好题目。兹来讲讲"中国文学史的一个看法"。本来一个讲题，可以有几种看法。在未讲本题之前，先给诸位讲一件故事，有一不识字之裁缝者，供其子读书，一日子从校中来信，此裁缝即请其左邻杀猪的代看，杀猪的即告裁缝道：这是你儿子要钱的信，上写"爸爸，没钱啦！拿钱来"。裁缝听了，非常懊丧生气，以为供子读书，连称呼礼法都没有了。旋又请其右邻之牧师来看，牧师看后，说道此信写的甚好。信上说："父亲大人膝下……你老人家辛苦得来的钱，供我念书，非常不忍，不过现在买书交学费等，非用钱不可，盼你老人家多为难，儿子是很对不住的……"。裁缝听了，笑逐颜开，赶紧给他儿子寄钱去了。

从此事看来，足见一件事，可以有几种看法，关于中国文学史，也有几种看法，第一种的看法：是牧师的看法，这种看法怎么样呢？他是从商周时代之最古文看起，到在春秋战国时，即有诸子百家之文章，代表那一时代的文学。到汉则以《史记》、《汉书》，作该时代文学之代表。到晋朝以后，又发生怪僻之文学，迄至唐朝，遂又复古，同时接受了前朝历代的遗留，由当代文人，加以许多点染，于是有《唐诗三百首》之创作，及"离骚"词赋，曲歌古文之类。当时文学作家中之捣乱分子，进行词曲等之创作，所谓词者，诗之语也，曲者，词之语也，然无论其创作如何，仅能作当代正统文学之附属品，而不能以之作为时代之代表。自唐宋而后，以至于元明清，甚至当代国学家之伪国国务总理郑孝胥之流，殆未出乎摹古之范围。以上这种看法，总是站在一条线上接连不断的来看中国文学史，这种看法，是牧师的看法，文绉绉的，实在看不出什么内容来。至于兄弟今天是采用杀猪的看法，且听兄弟道来：

　　文学史是有两种潮流，一种是只看到上层的一条线，一种是下层的潮流，下层潮流，又有无数的潮流，这下层的许多潮流，都会影响到上层去，上层文学是士大夫阶级的，他是贵族的，守旧的，保守的，仿古的，抄袭的，这种文学，我们就是不懂也没要紧。我们要懂中国整个文学史，必要从某时代的整个潮流去看，现在的文学史，是比前时代扩大了,是由下层许多暗潮中看出来。诸位小姐太太们:凡是历代文学之新花样子,全是从老百姓中来的,假使没有老百姓在随时随地的创作文学上的新花样,早已变成"化石"了。

老百姓的文学是真诚朴素的,它完全是不加修饰的,自由的,从内心中发出各种的歌曲,例如:唐诗楚辞,汉之乐府,其内容无一不是老百姓中得来,所有文学,不过经文人之整理而已。尤其是每一时代之新文学,如五言,七言,词曲,歌谣,弹词,白话散文等,都是来自民间。

兄弟所谓杀猪的看法,就是不是文绉绉的从一条线上去看,而是粗野的把文学看成两个潮流,上层潮流是士大夫阶级的,下层文学的新花样皆从老百姓中得来。所谓文学潮流的新花样的形成,是经过四个时期:

第一时期是老百姓创作时期,与上层是毫无关系,在创作时期,是自由的,富于地方个人等特别风味,他是毫不摹仿,而是随时随地的创作时期。

第二时期是从下层的创作,转移到上层的秘密过渡时期,当着老百姓的创作已经行了好久,渐渐吹到作家耳中,挑动了艺术心情,将民间盛行之故事歌谣小说等,加以点缀修改,匿名发行,此风一行,更影响到当代之名作家,由民间已传流许久之故事等,屡加修正,整理,于是风靡当世,当代文学潮流,为之掀动。

第三时期则因上等作家对新花样文学之采用，遂变成了正统文学中之一部分。

第四时期则为时髦时代，此时已失去了创作精神，而转为专尚摹仿，因之花样不鲜，而老百姓却又在创作出新的。

我们根据近四十年来的新发现，才知道我们过去提倡白话文学胆太小了，还不够杀猪的资格，只要看敦煌石洞藏书中有许多白话文学，即可知其由来已早。大凡每一时期的潮流的到来，都是经过一极长的创作时期，例如《水浒传》，《西游记》等曾风行一时，而创作者更出多人之手，种类繁多，由此可知现行文学，皆由长时蜕化而来，所以我们必须以历史进化的眼光来看历史，由此可以得到以下三点教训：

（一）老百姓从劳苦中不断的创作出新花样的文学来，所谓"劳苦功高"，实在使我们佩服。

（二）有些古人高尚作家不受利欲薰诱，本艺术情感之冲动，忍不住美的文学之激荡，具脱俗，牺牲之精神。如施耐庵、曹雪芹之流，更应使我们欣佩。因为老百姓的作品，见解不深，描写不佳，暴露许多弱点，实赖此流一等作家完成之也。

（三）文学之作品，既皆从民间来，固云幸矣，然实亦幸中之大不幸，因为民间文学皆创之于无知无识之老百姓，自有许多幼稚，虚幻，神怪，不通之处，并且这种创作已经在民间盛行了好久，才影响到上层来，每每新创作被埋没下去，在西洋文学之创作权，概皆操之于作家之手，而中国则操之于民间无知之人，所以我说是幸中之不幸，深望知识阶级，负起创作文学之任务。

（本文为1932年12月22日胡适在北京培英女中的演讲，署名明记录，原载1932年12月23日北平《晨报》）

中国历史的一个看法

历史可有种种的看法,有唯心的,唯物的,唯人的,唯英雄的,……各种看法,我现在对于中国历史的看法,是从文学方法的,文学的名词方面的,是要把它当作英雄传,英雄诗,英雄歌,一幕英雄剧,而且是一幕英雄悲剧来看。

民族主义是爱国的思想,英国有名的先哲曾说过:"一个国家要觉得它可爱时,是要看这个国家在历史上是否有可爱之点",中国立国五千年,时时有西北的蛮族——匈奴、鲜卑……不断的侵入,可说是无时能够自主的,鸦片战争又经过百年,而更有最近空前的危急,在此不断的不光荣的失败历史中,有无光荣之点,它的失败是否可以原谅,在此失败当中,是否可得一教训。

这一出五千年的英雄悲剧,我们看见我们的老祖宗继续和环境奋斗,经过了种种失败与成功,在此连台戏中,有时叫我们高兴，有时叫我们着急，有时叫我们伤心叹气，有时叫我们掉泪悲泣，有时又叫我们看见一线光明，一线希望，一点安慰，有时又失败了，有时又小成功了，有时竟大失败了，这戏中的主人翁，是一位老英雄——中华——他的一生是长期的奋斗，吃尽了种种辛苦，经了种种磨难，好像姜子牙的三十六路伐西岐，刚刚平了一路，又来了一路，又好像唐三藏西天取经，经过了八十一大难，刚脱离了一难，又遭一难似的，这样继续不断奋斗，所以是一篇英雄剧，磨难太多，失败太惨，所以是一篇悲剧。

本来在中国的文字中——戏剧中、小说中，悲剧作品很少，即如《红楼梦》一书，原是一个悲剧，而好事者偏要作些圆梦、续梦、复梦等出来，硬要将林黛玉从棺材里拿起来和贾宝玉团圆，而认为以前的不满意，这真不知何故，或者他们觉得人类生活本来是悲剧的，历史是悲剧的，因此却在理想的文学中，故意来作一段团圆的喜剧。

在这老英雄悲剧中，我们把他分作几个剧目，先说到剧中的主人，主人是姓中名华——老中华，已如上述，舞台是"中国"，是一座破碎的舞台，——穷中国，老天给我们祖宗的，实在不是地大物博，而是一块很穷的地方，金银矿是没有的，除东北黑龙江和西南的云贵一部分外，都是要用丝茶到外国去换的，煤铁古代是不需要的，土地虽称广阔，然可耕之地不过百分之二十,而丝毫无用的地却有三分之一,所以我们的祖宗生下来,就是在困难中。

这剧的开始,要算商周,以前的不讲,据安阳发掘出来的成绩,商代民族活动区域,只有河南、山东、安徽的北部,河北、山西南部的一块,也许到辽宁一部,他们在此建设文化时,北狄、南蛮不断的混入,民族成了复杂的民族,在此环境之下,他们居然能唱一出大戏,这是一件很了不得的事情。我们现在撇开了"跳加官"一类开台戏,专看后面的几幕大戏。

第一幕　老英雄建立大帝国

第二幕　老英雄受困两魔王

第三幕　老英雄死里逃生

第四幕　老英雄裹创奋斗

第五幕　老英雄病中困斗

第一幕　老英雄建立大帝国

中国有历史的时期自商周始,驰〔疆〕域限于鲁豫,已如上述,在商代社会中迷信很发达,什么事情都问鬼,都要卜,如打猎、战争、祭祀、出门……事无大小,都要把龟甲或牛骨烧灰,看他的龟纹以定吉凶,在此结果,而发明了龟甲、牛骨原始象形的文字,这文字是很笨的图画,全不能表达抽象的意思，只能勉强记几个物事名词而已，在这正在建设文化的时候，西方的蛮族——周，侵犯过来了，他具强悍的天性，有农业的发明，不久把那很爱喝酒的、敬鬼的、文化较高的殷民族征服了，这一来，上面的——政治方面是属于周民族，下面的就是属于殷民族，二民族不断的奋斗：在上面的周民族很难征服下面的殷民族，孔子虽是殷人（宋国），至此很想建设一个现代文化，故曰"吾从周"，而周时，也有人见到两文化接触，致有民族之冲突，所以东方（淮水流域）派了周公去治理，南方（汉水流域）派了召公去治理，封建的基础，即于此时建设，但是北狄、南蛮在此政治之下经了长期的斗争，才将他们无数的小国家征服，把他们的文化同化，以后才成七个大国家，不久遂成一个大帝国。

至于文字方面，也是从龟甲上的，牛骨上的，不达意的文字，经过充分的奋斗，而变为后代的文字，文学方面、哲学方面、历史方面，都得着可以达意的记载，这是一件很不容易的事情。

在周朝的时候，许多南蛮要想侵到北方来，北边的犬戎也要侵到南部去，酝酿几百年，犬戎居然占据了周地，再经几百年，南方也成了舞台的部分。

此时的建设期中，产生了一个"儒"的阶级，儒本是亡国的俘虏——遗老，他本是贵族阶级，是文化的保存者，亡国以后，他只得和人家打打官司，写写字，看看地，记记账，靠这类小本领混碗饭吃而已（根据《荀子》的《非十二子》篇），这班人——"儒"一出来，世界为之大变，因为他们是不抵抗者、是懦夫，我们从字义看，凡是和儒字同旁的字眼，都是弱的意思，如需（耎）字加车旁是软弱的輭（软）字，加心旁是懦字，加子旁是孺字，是小孩子，他们是唱文戏的，但是力量很大，因为他们是文化传播者，是思想界，老子后世称他为道家，但他正是"儒"的阶级中之代表，他的哲学是儒的哲学，他的书中常把水打譬喻，因为水是最柔弱的，最不抵抗的，这就是儒的本身，他们一出，凡是唱武戏的，至此跟着唱起文戏来了，幸而在此当中，出来一个新派，这就是孔子，他的确不能谓之儒者，就是儒者也是"外江"派，他的主张是"杀身成仁"，他说："志士成仁，有杀身以成仁，无求生以害仁"，又说："士不可以不弘毅，任重而道远，人以为己任，死而后已"，这完全和老子相反，老子是信天的，主自然的，而新派孔子，是讲要作人的，且要智仁勇三者都发达，他是奋斗的，"知其不可而为之"，这就是他的精神，新派唱的虽也是文戏，但他们以"有教无类"打破一切阶级，所以后来产生孟子、荀子、弟子李斯、韩非，韩非虽然在政治上失败，而李斯却成了大功，造成了一个大帝国。（第一幕完）

第二幕　老英雄受困两魔王

不久汉朝兴起来了，一班杀猪的，屠狗的，当衙役的……起来建设了一个四百年的帝国，他们可说得上是有为者，如果没有他们的奋斗，则决不会有这四百年的帝国，但是基础究未稳固，而两个魔王就告来临！

第一个魔王——野蛮民族侵入，在汉朝崩溃的时候，夷狄——羌、匈奴、鲜卑都起来，将中国北部完全占领（300至600），造成江左偏安之局。

第二个魔王——印度文化输入，前一个魔王来临，使我们的生活野蛮化，后一个魔王来临，就是使我们宗教非人化，这印度文化侵略过来，在北面是自中央亚细亚而进，在南方是由海道而入，两路夹攻，整个的将中国文化征服。

原来中国儒家的学说是要宗亲——"孝"，要不亏其体，因为"身体发肤，受之父母，不敢毁伤"，将个人看得很重，而印度文化一来呢？他是"一切皆空"，根本不要作人，要作和尚，作罗汉——要"跳出三界"，将身体作牺牲！如烧手、烧臂、烧全身——人蜡烛，以献贡于药王师，这风气当时轰动了全国，自王公以至于庶人，同时迎佛骨——假造的骨头，也照样的轰动，这简直是将中国的文化完全野蛮化！非人化！（第二幕完）

第三幕　老英雄死里逃生

这三百年中——隋、唐时代是很艰难的奋斗,先把北方的野蛮民族来同化他,恢复了人的生活,在思想方面,将从前的智识,解放出来,在文学方面,充满了人间的乐趣,人的可爱,肉的可爱,极主张享乐主义,这杜甫和白居易的诗中都可以看得出,故这次的文化可说是人的文化。再在宗教方面,发生了革命,出来了一个"禅"!禅就是站在佛的立场上以打倒佛的,主张无法无佛,"佛法在我",而打倒一切的宗教障、仪式障、文字障,这都成功了,所以建设第二次帝国,建设人的文化和宗教革命,是老英雄死里逃生中三件大事实。(第三幕完)

第四幕　老英雄裹创奋斗

老英雄正在建设第三次文化的时候,北方的契丹、女真、金、元继续的侵过来了,这时老英雄已经是受了伤,——精神上受了伤(可说是中了精神上的鸦片毒,因为印度有两种鸦片输到中国,一是精神上的鸦片烟——佛,一是真鸦片),受了千年的佛化,所以此时是裹创奋斗,然而竟也建立第三次大帝国——宋帝国,全国虽是已告统一,但身体究未复元,而仍然继续人的文化,推翻非人的文化(这段历史自汉至明,中国和欧洲人相同，宗教革命也是一样），范文正公的"先天下之忧而忧，后天下之乐而乐"，和王荆公的变法，正与前"任重而道远"的学说相符合。

在唐代以前，北魏曾经辟过佛，反对过外国的文化，禁止胡服胡语即其例，但未见成功，而在唐代辟佛的，如韩愈，他曾说过："人其人，火其书，庐其居"，三个大标语，这风气虽也行过几十年，但不久又恢复原状，然在这一次，却用了一种软工夫来抵制这非人的文化，本来是要以"人的政治""人的法律""人的财政"来抗住它的，但还怕药性过猛，病人受纳不起，所以司马光、二程等，主张无为，创设"新的哲学""新的人生观"，在破书堆中找到一本一千七百几十个字的《大学》来打倒十二部大佛经，将此书中的"格物""致知""正心""诚意""修身""齐家""治国""平天下"这一套，来创造新的人的教育，新的哲学，新的人生观，这实在是老英雄裹创奋斗中的一个壮举，但到了蒙古一兴起，老英雄已筋疲力竭，实在不能抵抗了！（第四幕完）

第五幕　老英雄病中困斗

这位老英雄到明朝已经是由受创而得病了，他的病状呢？一是缠足，我们晓得在唐朝被称的小脚是六寸，到这时是三寸了，实在是可惊人！二是八股文章，三是鸦片由印度输入,这三种东西,使老英雄内外都得病症。

再有一宗,就是从前王荆公的秘诀已被人摒弃了,本来他的秘诀一是"有为",一是"向外",但一班的习静者,他们要将喜怒哀乐等,于静坐中思之,结果是无为,是无生气,而不能不使这老英雄在病中困斗。

清代的天下居然有二百余年,这实是程朱学说——君臣观念所致,因为此时的民族观念抵不住君臣的名分观念,不过老英雄在此当中,而仍有其成绩在,就是东北和西南的开辟,推广他的老文化,湖南在几十年前,在政治上占有极大势力,广东、广西于此时有学术上的大贡献,这都是老英雄在病中的功绩,他虽然在政治上失地位,然而在学术上却发生一种"实事求是"的精神——科学的精神,而成就了一种所谓的"汉学",这种新的学术,是不主静而主动的,它的哲学是排除思想而求考据,考据一学发生,金石、历史、音韵,各方面都发达,顾亭林以一百六十二个证据,来证明"服"字读"逼"字音,这实在具有科学之精神,不过在建设这"人的学术"当中,老英雄已经是老了,病了!

尾声

这老英雄的悲剧,一直到现在,仍是在奋斗中,他是从奋斗中滚爬出来,建设了人的文化,同化了许多蛮族,平了许多外患，同化了非人的文化，从一千余年奋斗到如今，实在是不易呀！这种的失败，可说是光荣的失败！在欧洲曾经和我们一样，欧洲过去的光荣，我们都具备着，但是欧洲毕竟是成功，这种原因，我认为我们是比他少了两样东西，就是少了一个大的和附带一个小的，大的是科学，小的是工业。我们素来是缺乏科学，文治教育看得太重，我们现在把孔子和其同时的亚里士多得、柏拉图来比一比，柏拉图是懂得数学的，"不懂数学的不要到他门下来"，亚里士多得同时是研究植物的，孔子较之，却未必然吧？与孟子同时的欧几里得，他的几何至今沿用，孟子未尝能如此吧？在清代讲汉学的时候，虽说是有科学的精神，却非加利莱用望远镜看天文，用显微镜看微菌，以及牛顿发明地心吸力可比，所以中西的不同，不自今日始，我们既明白了这个教训，比欧洲所缺乏的是什么？我们知道了，我们的努力就有了目标，我们这老英雄是奋斗的，希望我们以后给他一种奋斗的工具，那末，或者这出悲壮的英雄悲剧，能够成为一纯粹的英雄剧。

（本文为1932年12月1日胡适在武汉大学的演讲，收入1966年台北文星书店出版的《胡适选集》演讲分册）

中国传统与将来

我代表出席会议的中国人说一句话：华盛顿大学主动积极地负责召集筹备这个中美学术会议，我们都要表示很热诚的感谢。最早有开这个会议的想法的人是泰勒先生（George Taylor），然而如果没有华盛顿大学的奥德伽校长（President Odegaard）、台湾大学的钱思亮校长热心赞助，会议是开不成的。这个国际学术合作的大胆尝试的几位发起人，几位合力支持的人，都抱着很高的期待，我们盼望这五天会议的收获不致于辜负他们的期待。

我被指定在会议开幕仪式里担任一篇演讲，是我很大的荣幸，我非常感激。但我必须说，指定给我的题目，"中国传统与将来"，是一个很难的题目。中国传统是什么？这个传统的将来又怎样？这两个问题，随便一个对我们的思想都是绝大的考验。可是现在要我在一篇简短的开幕仪式演讲里回答这两个问题,我知道我一定要失败的,我只盼望我的失败可以刺激会议里最能思想的诸位先生,让他们更进一步,更深刻地想想这个大题目。

一　中国传统

我今天提议,不要把中国传统当作一个一成不变的东西看,要把这个传统当作一长串重大的历史变动进化的最高结果看。这个历史的看法也许可以证明是一种很有用的方法,可以使人更能了解中国传统,——了解这个传统的性质,了解这个传统的种种长处和短处——这一切都要从造成这个传统的现状的那些历史变动来看。

中国的文化传统,在我的看法,是历史进化的几个大阶段的最后产物:

一、上古的"中国教时代"。[1] 很丰富的考古资料证明,在商朝已经发展出来一个高度进步的文明,有很发达的石雕骨雕,有精美的铜器手工,有千万件甲骨卜辞上所见的够进步的象形会意文字,有十分浪费的祀祖先的国教,显然

---

[1] 译者注:上古的中国教时代,原文是The Sinitic Age of Antiquity。胡适在民国二十年的论文Religion and Philosophy in Chinese History(收在陈衡哲编的 *A Symposium on Chinese Culture*,上海版)里提议称中国古代的宗教为Siniticism,现译作"中国教"。

包括相当大规模的人殉人祭。后来,到了伟大的周朝,文明的种种方面又都再向前发展。好多个封建诸侯长成了大国,而几个有力量的独立国家并存竞争,自然会使战时与平时用的种种知识技术都提高。政治的方策术略愈来愈要讲求了,有才智的人得到鼓励了。《诗三百篇》渐渐成了通用的语文课本。诗的时代又渐渐引出来哲学的时代。

二、中国固有哲学思想的"经典时代",也就是老子、孔子、墨子和他们的弟子们的时代。这个时代留给后世的伟大遗产有老子的自然主义的宇宙观,他的无为主义的政治哲学;有孔子的人本主义,他的看重人的尊严,看重人的价值的观念,他的爱知识,看重知识上的诚实的教训,他的"有教无类"的教育哲学;还有大宗教领袖墨子的思想,那就是反对一切战争,鼓吹和平,表扬一个他心目中的重"兼爱"的"天志",想凭表扬这个"天志"来维护并且抬高民间宗教的地位。

中国的古文明在这个思想的"经典时代"的几百年(公元前600至220)里经过了一个基本的变化,这是无可疑的。中国文化传统的基本特色,多少都是这个"经典时代"的几大派哲学塑造磨琢出来的。到了后来的各个时代,每逢中国陷入非理性、迷信、出世思想,——这在中国很长的历史上确有过好几次——总是靠孔子的人本主义,靠老子和道家的自然主义，或者靠自然主义、人本主义两样合起来，努力把这个民族从昏睡里救醒。

三、第三段历史的大进化是公元前221年军国主义的秦国统一了战国，接着有公元前206年第二个帝国，汉帝国的建立，以后就是两千多年里中国人在一个大统一帝国之下的生活、经验，——这两千多年里没有一个邻国的文明可以与中国文明比。这样一个孤立的帝国生活里的很长很特殊的政治经验，完全失去了列国之间那种有生气的对抗竞争，也就是造成中国思想的"经典时代"的那种列国的对抗竞争，——是构成中国传统的特性的又一个重要因素。

我们可以举出这两千多年的帝国生活的几个特别色彩。

（一）中国对于一个大一统帝国里君主专制的问题始终无法解决。（二）一个有补救作用的特点是汉朝（公元前200至公元220）在头几十年里有意采用无为的政治哲学，使一个极广大的帝国在政治规模上有了一个尽量放任、尊重自由、容许地方自治的传统，使这样一个大帝国没有庞大的常备军，也没有庞大的警察势力。（三）再一个有补救作用的特点是逐渐发展出来一个挑选文官人才的公开竞争的考试制度，这就是世界上最早的文官考试制度。（四）汉朝定出来一套统一的法律，这套法律在以后各朝代里又经过一次次的修改。不过中国的法制有一个缺点，就是不曾容许公开辩护，不能养成律师这种职业。(五)帝国生活的又一个特点是长期继续使用已成了死文字的古文作为文官考试用的文字,作为极广大的统一帝国里通行的书写交通媒介。两千多年里,这种古文始终是公认的教育工具,是做诗做文用的高尚工具。

四、第四段历史的大进化,实在等于一场革命,就是中国人大量改信了外来的佛教。中国古代的固有宗教不知道有乐园似的天堂,也不知道有执行最后审判的地狱。佛教的大力量,佛教的一切丰富的想象,美丽的仪式,大胆的宇宙论和形而上学,很轻易地压倒征服了那个固有宗教。佛教送给中国的不是一层天,而是几十层天,不是一层地狱,而是好多层地狱,一层层的森严恐怖各各不同。轮回观念、三生宿业的铁律,很快地替代了旧的简单的福善祸淫的观念。世界是不实在的,人生是痛苦而空虚的,性是不清洁的,家庭是净修的障碍,独身斋化是佛家生活不可少的条件,布施是最高美德,爱要推及于一切有情生物,应当吃素,应当严厉禁欲,说话念咒可以有神奇的力量,——这一切,还有其他种种由海陆两面从印度传进来的非中国的信仰风尚,都很快地被接受了,都变成中国人的文化生活的一部分了。

这是一场真正的革命。试举一个例说,儒家的《孝经》告诉人,身体是受自父母,不可毁伤的。古代中国的思想家说过,生是最可宝贵的。然而佛教说,人生是一场梦,生就是苦。这种教条又引出来种种绝对违反中国传统的风气。用火烧自己的拇指,烧一根或几根手指,甚至于烧整条臂,作为对佛教一位神的舍身奉献:成了佛门弟子的一种"功德"!有时候,一个和尚预先宣布他遗身的日子,到了那一天,他自己手拿一把火点着那用来烧死他自己的一堆柴,不断念着佛号,直念到他自己被火烧得整个身体倒下去。[1]

中国已经印度化了,在一段奇怪的宗教狂热里着了魔了。

五、再下一段历史的大进化可以叫做中国对佛教的一串反抗。反抗的一种形式就是中古道教的开创和推广。本土的种种信仰和制度统一起来,加上一点新的民族愿望的刺激,想模仿那个外来的佛教的每一个特点而把佛教压倒、消灭,这就是道教。道教徒采取了佛教的天和地狱,给它们起了中国式的名字,还造了一些中国的神去作主宰,整部《道藏》是用佛教经典作范本编造成的。好些佛教的观念,例如轮回、前生来世的因缘,都被整个儿借过来当作自己的。男女道士的清规是仿照佛教僧尼的戒律定的。总而言之,道教是一个民族主义的排佛运动,用的方法只是造出一种仿制品来夺取市场。运动的真正目的只是消灭那个外来的宗

---

[1] 译者注:胡适在民国十二年的论文《读梁漱溟先生的〈东西文化及其哲学〉》(《胡适文存》二)里引胡寅《崇正辨》记的释宝崖在火焰中礼拜到"身踏炭上"的故事,指出那种行为不是梁漱溟所谓的"向后",而是"极端的奔赴向前"。

教,所以几次政府对佛教的迫害,最著名的是公元446年(北魏太平真君七年)和845年(唐武宗会昌五年)两次,都有道教势力的操纵。

中国的佛教内部也起了对佛教的种种反抗。这种种反抗的一个共同特点是要把佛教里中国人不能接受不能消化的东西都丢掉。早在四世纪,中国的佛教徒已渐渐看出佛教的精华只是"渐修"与"顿悟",这两样合起来就是禅法(dhyana或ch'an,日语读作zen),禅的意思是潜修,但也靠哲学上的觉悟,从公元400年到700年,中国佛教的各派(如菩提达摩开创的楞伽宗,如天台宗)大半都是禅宗。

禅宗的所谓"南宗"——在八世纪以后禅宗成了南宗专用的名字——更进一步宣告,只要顿悟就够了,渐修都可以不要。说这句话的是神会和尚(公元670至762,据我的研究,是南宗的真正开创人)。[1]

整个儿所谓"南宗"的运动全靠一串很成功的说谎造假。他们说的菩提达摩故事是一篇谎,[2] 他们的西天二十八祖故事是捏造的,他们的袈裟传法故事是骗人的,他们的

---

[1] 译者注:看胡适民国十八年的《荷泽大师神会传》(《胡适文存》四)。
[2] 译者注:菩提达摩是大概五世纪末到中国南方的一位来踪不清楚的外国和尚,后世的禅宗尊他为初祖。依胡适考证,达摩见梁武帝及折苇渡江故事皆是后起的传说。看他民国十六年的《菩提达摩考》(《胡适文存》三)。

"六祖"传也大部分完全是假的。[1]但是他们最伟大的编造还是那个禅法起源的故事：如来佛在灵山会上说法。他只在会众面前拈了一朵花，没有说一句话。没有人懂得他的意思。只有一个聪明的伽叶尊者懂得了，他只对着佛祖微微一笑。[2]据说这就是禅法的源头，禅法的开始。

最足以表示禅宗运动的历史意义的一句作战口号是："不著语言，不立文字，直指本心。"篇幅多得数不尽的经卷，算到八世纪的中文翻译保存下来已有五千万字之多（不算几千万字中国人写的注疏讲说），全没有一点用处！这是何等惊人的革命！那些惊人的编谎家、捏造家，真正值得赞颂，因为他们只靠巧妙的大谎竟做到了一个革命，打倒了五千万字的神圣经典。

六、中国传统的再下一段大进化可以叫做"中国的文艺复兴时代"或"中国的几种文艺复兴时代"。因为不只有一种复兴。[3]

---

[1] 译者注：二十八祖故事，看胡适《荷泽大师神会传》第三节；袈裟传法故事，看胡适民国二十四年的《楞伽宗考》（《胡适文存》四）；"六祖慧能传"的问题，看《楞伽宗考》第六节。

[2] 译者注：拈花微笑的故事，见《大梵天王问佛决疑经》（两种，《大日本续藏经》第一辑第八十七套第四册），出处不明。

[3] 译者注：民国二十二年七月，胡适在芝加哥大学比较宗教系担任一组Haskell演讲，题目是"Cultural Trends in Present day-China"（今日中国的文化趋向），共六讲，第二年由芝大出版，题作 *The Chinese Renaissance*（中国的文艺复兴）。书的第三章论中国现代的新思潮、新文化运动，称作一个Renaissance，但指出自唐朝起有几段文艺复兴，与本篇此处的意思相同。

第一是中国的文学复兴，在八、九世纪已经蓬蓬勃勃地开始，一直继续发展到我们当代。唐朝的几个大诗人——八世纪的李白、杜甫，九世纪的白居易——开创了一个中国诗歌的新时代。韩愈（死在824）做到了复兴古文，使古文成了以后八百年里散文作品的一个可用而且很有力量的利器。

八、九世纪的禅门和尚最先用活的白话记录他们的谈话和讨论。十一世纪的禅宗大师继续使用活的文字。十二世纪的理学家也用这种活文字，他们的谈话都是用语录体记下来的。

普通男女唱歌讲故事用的都只是他们懂得的话，也就是他们自己说的话。有了九世纪的木版印刷，又有了十一世纪的活字版印刷，于是民间的，"俗"的故事、小说、戏曲、歌词，都可以印给多数人看了。十六、十七世纪有些民间故事和伟大的小说成了几百年销行很广的作品。这些小说就把白话写定了。这些小说就是白话的教师，就是推广白话的力量。假如没有这些伟大的故事和小说，现代的文学革命决不会在短短几年里就得到胜利。

第二是中国哲学的复兴，到十一、二世纪已经入了成熟期，产生了理学的几个派别，几个运动。理学是一个有意使佛教进来以前的中国固有文化复兴起来，代替中古的佛教与道教的运动。这个运动的主要目的只是恢复孔子、孟子的道德哲学和政治哲学,并且重新解释,用来替代那个为己的、反社会的、出世的佛教哲学。有一个禅门和尚提到,儒家的学说太简单太没有趣味,不能吸引国中第一等的人。[1]因此,理学的任务只是使先佛教期的中国的非宗教性的思想,变得像佛教像禅法一样有趣味有吸引力。这些中国哲学家居然能够弄出来一套非宗教性的、合理的理学思想,居然有了一套宇宙论,一套或几套关于知识的性质和方法的理论,一套道德与政治哲学。

理学也有好几个派别,大半是因为对于知识的性质和方法的观点不同而发生的。经过一段时间,理学的各派也居然能够吸引最能思想的人了,居然使他们不再成群追随佛门的禅师了。而最能思想的人一旦对佛教不再感兴趣,那个伟大过来的宗教就渐渐衰落到无人理会的地步了,几乎到了死的时候听不见一声哀悼。

第三,中国文艺复兴的第三方面可以叫做学术复兴,是在一种科学方法——考据方法——刺激之下发生的学术复兴。

"无征则不信",是孔子以后一部很早的名著里的一句

---

[1] 译者注:《大慧普觉禅师宗门武库》记王安石与张方平谈论儒家自孔孟以后何以没有大师,方平说,"儒门淡薄,收拾不住,皆归释氏焉"。

话。[1] 孔子也曾郑重说,"知之为知之,不知为不知,是知也。"然而淹没了中古中国的宗教狂热与轻信是很有力量的大潮,很容易卷走那些求真求证的告诫。只有最好的讯案的法官还能够保持靠证据思想的方法和习惯,但是有些第一流的经学大师居然也能够有这种方法和习惯,这是最可庆幸的。

要等到有了刻印书的流行,中国学者才容易有比较参考的资料,容易校正古书的文字,容易搜求证据,评判证据。有书籍印刷以来的头二三百年里,金石学的开创,一部根据仔细比较审定的资料写成的大历史著作的出现[2],都可以看得出有考证或考据的精神和方法。又有一派新的经学起来,也是大胆应用这种精神和方法去审查几部儒家的神圣经典。朱子(1130—1200)就是这一派新经学的一个创始人。

考证或考据的方法到了十七世纪更走上有意的发展。有一位学者肯举出一百六十条证据来论定一个单字的古音[3],又有一位学者花了几十年工夫找证据来证明儒家一部大经书几乎一半是很晚的伪作[4]。这种方法渐渐证明是有用处的,有收获的,所以到了十八九世纪竟成了学问上的时髦。整三百年的一个时代(1600—1900)往往被称做考据的时代。

---

[1] 译者注:《中庸》。
[2] 译者注:《资治通鉴》。
[3] 译者注:顾炎武考"服"字古音"逼",举一百六十二条证据。
[4] 译者注:阎若璩费三十几年写成《古文尚书疏证》。

二　大对照与将来

以上的历史叙述已把中国传统文化带到了历史变动最后阶段的前夕，——这个最后阶段就是中国文明与西方文明对照、冲突的时代。西方与中国和中国文明的第一次接触是十六世纪的事。但是真正对照和冲突的时代到十九世纪才开始。这一个半世纪来，中国传统才真正经过了一次力量的测验，这是中国文化史上一次最严重的力量的测验，生存能力的测验。

在我们谈过的历史纲要里，我们已看到古代中国的固有文明，因为有了经典时代丰富的滋养和适当的防疫，足可以应付佛教传入引起来的文化危机。不过因为本土的宗教过于单纯，中国人在一段时间里是被那个高度复杂又有吸引力的佛教压倒了、征服了。差不多整一千年，中国几乎接受了印度输入的每一样东西，中国的文化生活大体上是"印度化"了。但是中国很快地又觉醒过来，开始反抗佛教。于是佛教受了迫害、抵制，同时又有人认真努力把佛教本国化。有了禅宗的起来，佛教内部也做到了一种革命，公开抛弃了不止五千万字的全部佛教经典。因此，到了最后，中国已能做到一串文学的、哲学的、学术的复兴，使自己的文化继续存在，有了新生命。尽管中国不能完全脱掉两千年信佛教与印度化的影响，中国总算能解决自己的文化问题，能继续建设一个在世的文化，一个基本上是"中国的"文化。

早在十六世纪的末尾几年和十七世纪的头几十年，有一个新奇的但又是高度进步的文化来敲中华帝国的大门。最初到中国来的那些耶稣会士都是仔细挑选出来的，都是有准备的。他们的使命是把欧洲文明和基督教开始介绍给当时欧洲以外最文明的民族。最初的接触是很友善又很成功的。经过一段时间，那些伟大的教士已不止能把欧洲数学、天文学上最好最新的成就介绍给中国头脑最好的人，而且凭他们的圣人似的生活榜样介绍了基督教。

中国与西方的强烈对照和冲突是大约一百五十年前开始的。对着诸位这样有学问的人，这样特别懂得近代历史的人，我用不着重说中国因为无知、自大、自满，遭了怎样可悲的屈辱。我也用不着提中国在民族生活各方面的改革工作因为不得其法，又总是做得太晚，遭了怎样数不清的失败。我更用不着说中国在晚近，尤其是民国以来，怎样认真努力对自己的文明重新估价，又在文化传统的几个更基本的方面，如文字方面、文学方面、思想方面、教育方面，怎样认真努力发动改革。诸位和我都是亲眼看见了这种种努力和变化的，我们中国代表团里年长些的人有大半都是亲身参与过这些活动的。

我今天的任务是请诸位注意与"中国传统的将来"这个题目直接或间接有关系的几件事。我想我们要推论中国传统的将来,应当先给这个传统在与西方有了一百五十年的对照之后的状况开一份清单。我们应当先大致估量一下:中国传统在与西方有了这样的接触之后,有多少成分确是被破坏或被丢弃了?西方文化又有多少成分确是被中国接受了?最后,中国传统还有多少成分保存下来?中国传统有多少成分可算禁得住这个对照还能存在?

我在好些年前说过,中国已经确实热心努力打掉自己的文化传统里种种最坏的东西:"短短几十年里,中国已经废除了几千年的酷刑,一千年以上的小脚,五百年的八股。……"[1]我们还要记得,中国是欧洲以外第一个废除君主世袭的民族。中国的帝制存在了不止五千年之久,单单"皇帝也要走开"这一件事对广大国民心理的影响就够大了。

这些以及其他几百件迅速的崩溃或慢慢的消蚀,都只是这个文化冲突激荡时期的自然牺牲。

这些文化的牺牲都不值得惋惜哀悼。这种种革除或崩溃都应当看作中国从孤立的旧文明枷锁之下得到解放的一部分

---

[1] 译者注:胡适在民国二十三年的一篇《再论信心与反省》(《胡适文存》四)里,极力称赞中国近代废除八股、酷刑等等的事业。

现象。几千年来中国的政治思想家从没有解决如何限制一个大一统帝国里君主专制的问题，然而几十年与西方民主国家的接触就够提出解决的方法了："赶掉皇帝，废除帝制"。其他许多自动的改革也是一样。八百年的理学不能指出裹小脚是不人道的野蛮的行为，然而几个传教士带来了一个新观点就够唤起中国人的道德意识，够把小脚永远废了。

中国从西方文明自动采取吸收的又有多少成分呢？这个清单是开不完的。中国自动采取的东西，——无论是因为从来没有那些东西，或者没有相当的东西，还是因为虽然有相当的东西但要差一等——确实总有几千件。中国人采取了奎宁、玉蜀黍、花生、烟草、眼镜，还有论千种别的东西，都是因为以前没有这些东西，所以愿意要这些东西。用钟表是很早的事，不要多久滴漏就被淘汰了。这是一个高一等的机械代替一个次一等的东西的最明显的例。从钟表到飞机和无线电，论千件的西方科学工艺文明的产物都可以列在我们的清单上。就智识与艺术的范围而论，这份清单可以从欧几里德起一直开到当代的许多科学家、音乐家、电影明星，这个单子真是开不完的。

然后还有一个问题，——从旧文明里丢掉冲刷掉这一切，又从近代西方文明自动采取了这上千个项目，然后中国传统保存下来的成分又还有多少呢？

不止四分之一世纪以前,在1933年,我有一回演讲,专论中国与日本文化反应的不同型态。[1]我指出日本的现代化可以叫做"中央统制型",而中国,因为没有一个统治阶级,所以中国的现代化是文化反应的另一个型态,可以叫做"长期曝露与慢慢渗透造成的文化变动"。我接着说:

> 这样,我们实在是让一切观念、信仰、制度很自由地与西方文明慢慢接触,慢慢接受感染,接受影响,于是有时起了一步步渐进的改革,也有时起了相当迅速或激烈的变动。……我们没有把哪一件东西封闭起来,我们也不武断禁止哪一样东西有这种接触和变化。[2]

过了几年,我又抱着差不多同样的看法说:

> 中国的西方化只是种种观念渐渐传播渗透的结果,往往是先有少数几个人的提倡,渐渐得着些人赞成,最后才有够多的人相信这些观念是很合用或很有效验的,于是引起来一些影响深远的变化。从穿皮鞋到文学

---

[1]　译者注:前引 *The Chinese Renaissance*,第一章,"文化反应的不同型态",页二六。
[2]　译者注:同上,页二六。

革命，从用口红到推翻帝制，一切都是自动的，都是经过广义的"理智判断"的。中国没有一件东西神圣到不容有这样的曝露和接触，也没有一个人，或一个阶级，有力量防止那一种制度受外来文化感染浸蚀的影响。[1]

我从前说过的话的要点只是：我认为那许多慢慢的、但是自动的变化，正好构成一个可以算是民主而又可取的文化变动的型态，——一个长期曝露，自动吸收的型态。我的意思也是要说，那种种自动的革除淘汰，那种种数不清的采纳吸收，都不会破坏这个站在受方的文明的性格与价值。正好相反，革除淘汰掉那些要不得的成分，倒有一个大解放的作用；采纳吸收进来新文化成分，只会使那个老文化格外发辉光大。我决不担忧站在受方的中国文明因为抛弃了许多东西，又采纳了许多东西，而蚀坏、毁灭。我正是说：

> 慢慢地、悄悄地，可又是非常明显地，中国的文艺复兴已经渐渐成了一件事实了。这个再生的结晶品看起来似乎使人觉得是带着西方的色彩，但是试把表面剥掉，你就可以看出做成这个结晶品的材料在本质上

---

[1] 译者注：见胡适的 The Westernization of China and Japan, *Amerasia*, Vol. 2, No.5, July, 1938. p. 244。

正是那个饱经风雨侵蚀而更可以看得明白透彻的中国根底，——正是那个因为接触新世界的科学民主文明而复活起来的人本主义与理智主义的中国。[1]

这是我在1933年说的话。我在当时可是过分乐观了吗？随后这几十年来的事变可曾把我的话推翻了吗？

然而将来又怎样呢？"中国根底"，"人本主义与理智主义的中国"，现在成了什么样子呢？在整个中国大陆经过十一年来的共产统治之后，这个中国根底又将要变得怎样呢？铁幕统治决不容许接触自由世界的毒素影响，决不容许受这种影响的感染，当然更决不容许"长期曝露"，试问那个"人本主义与理智主义的中国"，长期受了这样的统治，是不是还能够继续存在呢？

预料将来总是一件冒险的事。但是，我近几年来看了不止四百万字的"清算"文献。每一篇清算文献都告诉我们，中国共产党和他们的政府所怕的是什么，他们费尽了心机想要连根消灭的是什么。看了这种大量的清算文献，我深信我

---

[1]　译者注：前引 The Chinese Renaissance，胡适自序，页九、十。此段里的"中国根底"一词，原文是 The Chinese bedrock。胡适在民国二十四年的"试评所谓中国本位的文化建设"(《胡适文存》四)里说："将来文化大变动的结晶品，当然是一个中国本位的文化，那是毫无可疑的。如果我们的老文化里有无价之宝，……将来自然会因这一番科学文化的淘汰而格外光大的。"

有根据可以说：今日控制大陆的那些人还是怕自由精神，怕独立思想的精神，怕怀疑的精神或方法，怕考据的工夫：作家胡风被判了罪，因为他和追随他的人表示了自由精神，表示了独立的思考，而且竟敢反抗党对文学艺术的控制。梁漱溟，我的朋友，也是老同事，逃不掉整肃，只因为他表示了可怕的怀疑精神。"胡适的幽灵"也值得用三百万字讨伐，因为胡适对于传统经学大师的考据精神和方法的传布负的责任最大，更因为胡适有不可饶恕的胆量说那种精神和方法就是科学方法的精华。

看了这许多整肃文献，我才敢相信我所推崇的那个"人本主义与理智主义的中国"在中国大陆上还存在着，才敢相信那个曾尽大力量反抗中古中国那些大宗教，而且把那些宗教终于推倒的大胆怀疑、独立思想、独立表示异议的精神，即使在最不可忍的极权控制压迫之下，也会永久存在，继续传布。总而言之，我深信，那个"人本主义与理智主义的中国"的传统没有毁灭，而且无论如何没有人能毁灭。

（本文为1960年7月10日胡适在西雅图中美学术会议的英文演讲，徐高阮中译文载1960年7月21日至23日台北《"中央"日报》）

中国文艺复兴

各位男女：

　　学校当局赐给我这个博士衔，我很觉得欢喜。把这个荣誉赐给这么的一个徒然晓得写诗作文章的人，实在不如那些化学家，机器师，和其他着实地造益大众的人般值得哪。大学当局以这个学位赐给一个不相干的中国人，还是破题儿第一遭吧。我希望这次是将来许多同样的机会的先导啊！至于所谓"中国文艺复兴"，有许多人以为是一个文学的运动而已；也有些人以为这不过是把我国的语文简单化罢了。可是，它却有一个更广阔的涵义。它包含着给与人们一个活文学，同时创造了新的人生观。它是对我国的传统的成见给与重新估价，也包含一种能够增进和发展各种科学的研究的学术。检讨中国的文化的遗产也是它的一个中心的工夫。

　　假如把这个运动的范围收缩到为一个文学的运动，它仍然不就是中国的言语或文学底简单化而已。我国的文字，因为采用了语体，反弄得繁杂起来，可是也因此而变为丰富了。所有的活的语文都是在滋长着的东西，所以无论如何是没法使活的语文简单起来的。现在的中国文比二十年前底丰富得许多。今日学校里的字最少比四书五经多得百倍。新的名词和语法，每日在增加着的啊。

所谓千字运动（1000 Character movement），不过是文学革命的一小部分而已。选出了一千个基本字来，不过想教给那些没有机会去受教育的成人罢了。说这个就是把中国文字简单化了是很不确的。

中国的文艺复兴，不是徒然采用了活的文字来做教育的工具，同时是做一切的文学作品的工具底一种运动。因为白话文普遍化，大众都懂得，所以执政者，以至于其党，都利用它来做宣传的工具了。

大约二千年前，汉朝有一个首相向皇帝上一张奏说，那些以经典般的文字写成的谕旨和法律，不特百姓们看不懂它，就是奉行它的官吏们也读不懂它。结果，就因此采行了科举制度了。政府只会奖励那些熟识经学的读书人，对那些熟读一两部经的，能够背诵和写下全部经文而没有错的人就赏赐官衔，后来甚至给以爵禄，于是，中国的读书人便穷年累月的去求熟读四书五经了。当时，读书人仅占人数的很小部分而已。能够考取科名的,又更加少了。可是,他们是不惜花费了一生的精力来求熟习这死文学的。

当中国初和现代各国接触的时候,执政的人们便知道了这样的有百分之八十五以上不识字的人是不能够在这个世界上安然的生存着的了。自从三十年前发生了这个思想,办法也就立刻想了出来。那问题是:"我们还可以用这个死的东西来做现代日常生活的工具吗?"

于是乎有些人提议用一种新的中国字母来教民众读书写字;也有些提议用语体文和编印些简易的书报来教导民众。

真正的解决办法,并不是出乎熟练的改革家,而是出于美国的一所大学宿舍里,我和留美的同学争论过许多次,后来终于认定了所有的我国的真正伟大的诗歌和文学作品,都是当时的人拿当时的语言写成而不是拿死文字写成的,那时候是1916年。我同时又得到一个结论:凡是中国的伟大的文学作品,都是由大众们产生出来,并不是由那些学者读书人们产生出来的——他们实在忙着研究那死文字哪!千百年来的销路最好的惊人的民歌,故事,小说,都是出于市井之人街边说书,和其他同类的很熟识语言的人的手。

1917年,我写信给文学院长,说明我的意见,同时寄了几首白话诗。它马上就得到了许多同情的接待,美洲的华侨们又欢喜的理论,也得到当时独一无二的国立大学底赞许。

中国语实在是世界上各种言语——包含了英语——中最简易的一种。很不幸，英国语老早就写了下来，和印了出来，以致现在有强动词和弱动词(Strong verbs & Weak verbs)的分别及其它许多的文法的成例而没法除去。反之，中国的语文是单易而清楚，因为它没有阻碍地经过二千多年的洗炼和改良，至到现在成了完美的阶段，所以孩子们仆役们说来的时候也丝毫没有文法上的错误。外国的小孩子在中国生长，许多先就学会了中国语才学会他自己的国语便是中国语的简易底例证。

文人学者们终于致力于这个迟迟才发生的文学革命了，也开始明白地认识了这个给人轻视的白话了。其实，它实在不应该给人轻视的——它是将来中国的国语和产生一切的文学作品的。

我年前出版的《中国哲学史大纲》，就是用白话写成的。当时的出版人问我是不是五百本就够了呢。后来费了几许唇舌，他才肯印一千本。谁知第一版在两星期内售清，第二版也在两个月也卖个精光，自此后，几年来的销路都不坏。

现在的出版界，需要的是国语文的东西，因为销路可比文言的东西多得三十倍。

除掉中国东南部从上海到广州沿海的一带,其余各地的中国人都说着同样的言语——那是一种很适合这个新的运动的国语。

(本文为1935年1月4日胡适在香港大学的演讲,景冬记录,原载《联合书院学报》第1卷第49期,又收入《胡适传记资料》第10册,台湾天一出版社影印出版)

白话文运动

我很赞同石先生的意思，因为诸位的职业是专门性的，时常听些非专门的讲演，能够多学多听也好。今天这个讲演称为"学术讲演"太严重，称为"启蒙讲演"似乎也不妥，不如称为"业余讲演"，不亢不卑。我觉得每人除职业外，应有玩意儿，有时玩意儿可以发展成为重要的东西。个人曾经研究过哲学，历史，文学，农科，也作过外交官。现在是五十七岁了，但是如果人家问我："贵行是哪一行？"我就回答不出。我过去业余的时候，曾与青年人谈文学问题，发表出来，成白话文学运动，这就是从玩意儿发展成的。至少现在二十五六岁的年青人大家进小学中学时免去背古文，念古书的痛苦。二十六年前连小学的教科书，甚至幼稚园都是古文的。所谓讲书即是翻成白话，当时没有别的办法，只有死记。从民国二十一年起，教科书从小学到中学的都改成白话,以前念书时不懂,甚至于写家信时都是文言,现在儿子写信给父亲要钱,只要写:"我要钱了,钱没有了,拿钱来!"从前要先写"父亲大人膝下敬禀者"才能再说要钱的话。有一个故事是兄弟两秀才去省城考举人,但是没考取,写家信报告的时候,两人相推,因为家信根本没有学写过,学的只是八股文。现在再谈到那时为甚么提倡白话文?结果有甚么好处?这故事也很有趣。我的母校是美国康纳尔大学,学校在山上,下面有一小湖,那时我已离开学校。一年暑假来了一个女留学生入暑期学校,康纳尔大学学工科的多,为了巴结这女学生,几个男同学请这位女学生划船游湖。船在湖中的时候忽然起了大风,于是大家赶快向岸边划。到岸边的时候,大家因为抢着上岸,把船弄翻了,衣服全湿。幸而野餐没有湿,于是大家上岸,连烘衣服带野餐。天下的历史,不管是唯物,唯心,唯神的历史观,历史往往出于偶然。那里面有一位中国留学生任先生,把当时在湖中遇险的情形写了一首旧诗寄给我看,我接到一看,马上就回答他说:你写的很好,但是把小湖写的像大海,用的全是一些古老的成语。这些死的文字,不配用在二十世纪。对于这个批评,他很虚心接受,把原来这首诗改来改去。后来又有一位同学,看了我的信大为生气,反驳我,和我打笔墨官司,谈诗的问题,讨论到中国的文学要用什么文字的问题。

我说不但是小说,戏曲都要用白话,一切文学乃至于诗,都应该是白话。

用活的语言作文学的语言,才可使语言变成教育的工具。这都是业余的讨论。后来讨论的结果,小说有许多是白话的,大家并且承认戏曲里面也有白话,如"尼姑思凡"就是。但是都说诗不能用白话,道地的文也不能用白话,最困难的是诗的问题。1917年7月有一天,我发誓从此以后不用文言作诗,以后就把陆续写成的白话诗,出了《尝试集》。后来又在《新青年》杂志发表了一篇文章叫作《文学改良刍议》。我们仔细研究中国文学史,发现中国文学可以分为上下两层。

上层文学是古文的,下层文学是老百姓的,多半是白话的。例如乐府,就是老百姓唱的民歌,后来成为模范文学,甚至于政府也不能不采用。此后无论哪一个时代文学均分为上下两层,上层的是无价值的,是死的,下层的是活的,有生命,有力量。过去没有人以这种眼光来看文学。上层文学虽然不能说没有好的,但是诸君所背诵的诗,词、曲,好的大半是白话或近于白话的。我这种主张,当时仍有老留学生反对,但是有一些老先生如陈独秀,钱玄同,他们古文懂得很透彻,所以认为我这留学生确实不是胡说。于是陈先生也发表一篇文章叫《文学革命论》。到我由国外回来的时候,国内已经有很多人谈起白话文学。民国六年的时候,《新青年》已成全国注意的杂志,内容完全是白话,那时的青年如傅斯年,汪敬熙,罗家伦等都是后起之秀。杂志风起云涌,如《新潮》,《每周评论》等。1919年学生抗议巴黎和会,起了"五四运动",那时中学生、小学生都想发表文章,新的杂志都是用白话的。他们无师自通,都作得很好,白话于是成为全国性的东西。连北京的守旧政府也不能不妥协,于1920年规定次年小学一、二年级的教科书用白话来敷衍。殊不知一二年级生读了白话以后,更不想读古文,现在白话成为教学工具已有二十五年历史,在文学方面,三十年来,小说、散文都是用白话作的。当时最大的成绩就是替中国作到活的国语,一方面作文学,一方面作教育工具。但是这所谓国语的标准,绝不需专家去拟订,而都是老百姓和文学创造家所订的。所以我当时提了一个口号叫:"国语的文学、文学的国语"。先以白话作文学,以后白话即成为文学的国语,即自然而然成为标准。

凡是一国国语必须具备两个条件:国语多起源于方言,所以(一)必须流通最远、范围最广,说的人最多。(二)必需曾产生大量的文学。以意大利、法国、德国、英国而言,他们的国语都是具备这两个条件的,我国流传最广的就是官话,外国人以为我们中国方言多,殊不知他们所接近的是我国沿海的地方,如广州、厦门、上海,除了这些地方以外,国内大部分地区都是以官话为标准的。试从极东北的哈尔滨,画一条斜线直到昆明,四千多里长的一条线上,任何人沿此线旅行无需乎改话。云南、贵州、四川的官话,都是标准国语。以面积而言,全国百分之九十为官话区,百分之十为方言区,以人口言,全国百分之七十五的人说官话,百分之二十五的人说方言,这是因为东南沿海人口较密的原故。在四万万人中有三万万人说一种话的,全世界可以说没有,所以第一个条件符合。第二个条件,我国在三十一、二年前就已经合乎这种条件。老百姓作过很好的文学作品,如《红楼梦》、《水浒传》,每年都销几百万部。戏曲从元朝起就已经是白话的了,此外各地老百姓唱的民歌,也都是。

我在广西时曾收了不少歌谣,记得有一首是:"买米要买一崭白,恋双要恋好角色,十字街头背锁链,旁人取笑也值得。"试问古文能写得这么好吗?另外一首是:"老天爷你年纪大,你耳又聋来眼又花,看不见人听不见话,杀人放火的享富贵荣华,吃素看经的活活饿杀!老天爷!你不会作天,你塌了吧!老天爷!你不会作天,你塌了吧!"此外如路上唱曲的说词,后来变成小说,这都是无名英雄留下的头等作品,给国语造下不朽的功绩。此外如"这个"的"这"字,"我们"的"们"字,以及"为什么呢"的"呢"字,以前都不如此写，都是老百姓订下的。又如《水浒传》、《西游记》、《封神榜》等白话小说，都是国语写作的标准。所以国语并非几个人提倡，但是因为能符合这两个条件，才成为全国性的运动。我们研究世界文学，发现一件有趣的，就是中国方块字写起来虽然困难，但是文法的简单可称为世界第一。只要看一些标准作家的小说，不必学文法，人人可以无师自通。拿几百个字作底子，就可以看书写信，所以白话文能在短期内成功，其理由即在于此，甚至于连小孩子也不会说错文法。这是我们老祖宗给我们留下的一笔宝贵财产。现在白话虽然已经相当普遍，但是有些地方仍然是用文言，希望今后白话能普及到任何方面。如各机关来往的公文，也要用白话。

（本文为1947年11月1日胡适在平津铁路局的演讲，原载1947年11月2日北平《世界日报》）

提倡白话文的起因

各位文艺协会会员,我很感谢有这样的一个机会在此地同各位文艺作家,尤其是青年的文艺作家们相见。刚才主席说到我在三十多年前提倡白话文学。这是一件偶然的事情,我不是学文学的人,我现在已经六十二岁了,还不知道我学的是什么。不过,现在我可以报告诸位,在三十多年前,中国文艺界的情形,今天在座的青年作家也许不容易想像得到。那时,不但中学教科书是用古文,就是乡村的小学教科书,也是用的古文。古文是死的文字,白话是活的方言。那时我们一般朋友在美国大学里讨论当时的文字问题,现在回想起来觉得好笑,因为我们这几个朋友都不是学文学的人,也都不是专门研究文学问题的人,白话文学运动的发起,完全是一件偶然的事件。

现在有一些讲历史的人,常常说:"历史是唯物的",这是用经济的原因来解释一切历史。又有些人主张用英雄观念来解释历史，甚至于用"性学"的观念来解释，就是说历史上一切大事都是由于性的问题不能满足而发生的。这些解释都为历史的一元论。都想用一个原因解释一切历史。我们当初提倡白话文学是怎样来的呢？我的解释是偶然的。其实历史上的许多大事的来源，也多是偶然的，并不是有意的，很少可以用一元论解释。

在1915年（即民国四年）的夏天，美国康奈尔大学暑期学校，来了几个中国女学生，那时我已经离开了康奈尔大学，到了哥伦比亚大学，但还有许多朋友仍在康奈尔大学。那所大学的风景最美，有山、有湖、有瀑布。那个时候在美国学校中，中国的女学生很少。所以这许多男学生就很巴结这几位小姐。在一个星期天，男学生雇了一条船请女学生去游凯约嘉湖。这时正值夏天，天气变化很快。正在游湖的时候——天气忽然变了，于是他们赶快将船摇到湖边去。在刚要登岸的时候，大风来了，很幸运的没有发生意外事情，只是男学生和女学生的衣服被暴风雨打湿了。这是一件小事，偶然的事，却是中国文学革命、文字改革、提倡白话文字运动的来源。因为在这些男学生中有一位任叔永先生，是我的好朋友，他喜欢作古诗，他就写了这一件富有诗意的事，写了一首古诗，那时我也喜欢作作旧诗，我们这几个人作的诗都不算太坏,我自己觉得我的诗也很好,于是任先生就把他那篇诗写给我看,是一首四言古诗,我提起笔来就写一封信给任先生,说这首诗作的不好。因为里面有些字是现代用的字,有些是二千年前的古字,大家都不认识;换句话说,有活字有死字,文字不一律,这首诗是有毛病的。任先生对我的批评,也没有反驳。但有一位安徽同乡梅光迪先生,他是哈佛大学的学生,他很提倡守旧的文字,(哈佛大学中有一位教授提倡守旧的文学,我以为他受了那位教授的影响,所以也很守旧。)他看见我批评任先生的信,就写了一封信大骂我一顿。这时梅先生也在读康奈尔暑期学校,他写信骂我,我当然要为我的主张辩护。湖上翻船是第一个偶然,任先生作诗是第二个偶然,我批评他是第三个偶然,他没有反驳是第四个偶然,梅先生骂我是第五个偶然。

于是就在哥伦比亚、哈佛、康奈尔几个大学之间往来辩护,究竟什么是活的语言,什么是死的语言,什么是活的文学,什么是死的文学,这更是偶然加上偶然的事体。他们大家都反对我的主张,我便要找证据来反驳。诸位这几天也听我讲过治学的方法,要大胆的假设,要小心的求证。那时我很大胆,我说:"诗的文字不要用土语、俗字,要用白话的文字。"但是,我要找证据。于是我就找历史的证据,如《水浒传》《红楼梦》都是大家公认的白话小说。但是白话诗有没有呢？我也要找证据。后来我得到一个结论，我说从古以来，中国旧诗当中好的句子都是白话。比方李义山，我们当他是古典文学家，然而想想他的诗，我们能够背出来的都是白话。如："梦为远别啼难唤，书被催成墨未浓。"其他如黄山谷、苏东坡、杜工部、李太白的诗，凡是能够传诵，大家记得、懂得、能欣赏的句子，仔细想想，都是白话文。词也是一样，凡是大家背得出的好句子，也是白话。如黄山谷、苏东坡、辛稼轩、朱淑贞、李清照的好词，都是白话。此外像元朝的戏剧、杂剧、明朝的南曲、昆曲，以及现在最出名的"尼姑思凡"，自头到尾都是很好的白话。所以我说我那时这样做，是被逼上梁山。因为我说了这个话，大家驳我，我要找证据，结果找到一个结论。我说，中国古代文学家有两条路线，一种是上层的路线，一种是下层的路线。上层是士大夫的路线，下层是老百姓的路线。老百姓是些匹夫匹妇，痴男怨女。母亲抱抱孩子，孩子哭了唱唱儿歌；男孩子与女孩子发生恋爱，要表示感情；或者男女朋友离别，要表示悲哀。诸位想想，是否他们都要等到学了二十年"之乎者也"再来唱歌，再来表达爱情呢？如果如此，这般男女孩子都老了。他们只是用最自然最真实的说法，把感情发挥出来。所以我们最古的一部文学书——《诗经》——是白话文，尤其是《国风》。我们看《国风》的全部，《小雅》的一部分，都是老百姓痴男怨女，匹夫匹妇用白话写的。我不知道诸位对于《诗经》还记得不记得，要记得《诗经》的人，才晓得《国风》这一部分确是当初口头唱出来的。如《齐风》："俟我于著乎而，充耳以素乎而，尚之以琼华乎而。"以乎而描察情境。还有《王风》之"投我以木桃，报之以琼瑶，匪报也；永以为好也。"都是当时说的白话。可是后来一般书呆子摇头摆尾的念成为古文，继续下来成为士大夫阶级文学的路线，就是读书人模仿的死文学。过去的散文也是白话。最重要的例子就是《论语》。这般学生当然对他们的老师很敬爱很尊重，须要把老师说话的情形，甚至于对所佩服的大弟子说话的情形完全记录下来。那些话就是现在山东的话，古时所谓鲁语。《论语》大家都读过，前边几章更可以表示出来。子禽问子贡曰："夫子至于是邦也，必闻其政，求之欤？抑与之欤？"意思说：我们这个老师无论到那一国去，都知道那个国家的政治；"求之欤？抑与之欤？"是他打听出来的，还是人家情愿告诉他的呢？这两句话当中就有七个虚字。子贡答复说："夫子之求之也，其诸异乎人之求之欤？"他说，夫子之求知大概同别人的求知不同吧！把虚字都写出来了，这是白话文，所以古代的散文都是由于严格的记录当时所说的话，等于录音。

言归正传，我们几个人在外国讨论到一年以上，我越说，人家越不相信；人家越不相信，我这个顽固的人越找证据来坚定我的主张。后来（1916年）写一封信给《新青年》杂志社陈独秀先生讲到朋友的讨论，归纳起来有八点，陈独秀先生回信说这八点不大明白，并稍微批评了几句话。后来我索兴把这八点写成文章，题目叫做《文学改良刍议》，一条条发挥出来，陈先生懂了，本着这八点的意思发挥，就发表他的《文学革命论》，这就是文学革命的来源，是一个偶然的事体，讲起天下大事，大都是这样偶然的。

今天我在省立师范学院讲了点半钟，后来和作家作者又讲了一个钟点，现在喉咙已经哑了，不敢多说话，不过我在坐下之前再说一两句话，贡献给青年朋友，刚才在谈话会，谈到白话文的事，不妨借此机会重复说一遍，座谈会上有人问我："有人说白话文要做的好，应该先从古文下手，比方像胡适之，像鲁迅，像周作人，他们作白话文作的好，都是因为他们从旧文学来的，他们作旧诗、作古文，都作通了，作好了，才改行作白话，因为他们有旧文学做底子，作白话文才作得好。"因此有人问我，要想作好白话文，应该从活的语言下手，还是像胡适之先生从"之乎者也"下手？今天我答复现在的文艺青年作家或中年作家，作白话文要做的好，应该从活的语言下手，应该从白话文下手。不要轻易相信这种瞎说，说某人作白话文作的好，因为他读古文读的多，这都是骗你们的。

我在《尝试集》再版的序里说："我们很惭愧，我们这一辈子因为从古文里出来，所以作白话文作不好。"这可以比做裹了小脚的女人，把脚裹小以后，风气开了，要放脚，是不容易的了，结果只有装一点棉花，所以我们这一辈子从古文古诗里出来的人只能替后代开一条路，希望不要走我们的路。你们是天足，自然的脚最美，最好看，千万不要裹了小脚再解放，我可以告诉诸位，裹了小脚之后是放不大的，说我白话文做的好，其实也是假的。

我们中国有一个语言学专家，赵元任先生，他不但在中国语言学是权威，就是在世界语言学里也是权威。他是中央研究院的院士，他生成的音乐耳朵，他的声音最正确，所以他对语言最精，这是一个我最佩服的权威，我们是老朋友，那时他没有牵涉到那个翻船的偶然的事情，不过他是很早提倡白话而且提倡字母拼音的人。他常说："适之呀！你的白话文不够白，你要不相信，我可以给你录音，你自己再听一遍。"他录了之后，再放给我听了，觉得真是不够白。他给我改文章，改得我五体投地的佩服，这就是我们当初提倡白话文时候的情形，虽然提倡有心，但是创作无力。所以希望诸位青年作家，中年作家能够从活的语言去学白话文，不再经过我们所做的那一番死功夫，这样，作白话文作好的机会当比我们六十岁的人多得多,所以我常说:"开山有功而创作毫无成绩。"希望诸位多努力从活的语言得到活的文学,这是我给诸位的一点参考。

(本文为1952年12月8日胡适在台北中国文艺协会的演讲,收入《胡适言论集》甲编,1953年5月台北华国出版社出版)

什么是"国语的文学"、"文学的国语"

问：胡先生当年提倡文学革命提出了八项要点，这八项要点，今天有没有可修正和补充的？（陈纪滢先生）

答：我刚从一个演讲会来，不知道怎样应付这个作家们的招待会。我很惭愧，我算是新文艺创作的逃兵，我从来没有参加过创作，除了从前尝试了一点白话诗以外，没有敢挑起创作的工作，今天在座的都是创作的作家，所以我很觉惭愧。

刚才陈先生问到民国五年至六年间我们最初为文学改革所提出的八项，现在隔了很多时候，连八项细目都记不清了，不过我记得那时很胆小很和平的提议，当时我只说文学改良，还没有敢说文学革命，所提出的八项是对当时文艺状况而言的，其中有几项，恐怕现在可以不用说了。八项中最重要的是"用白话"，有了这一项，另一项的"不用典"，便不成问题,能用道地的,地道的白话,便用不着用"典"。还有一项"无病呻吟",这在旧文艺新文艺,恐怕都是不容易作具体的批评。后来我在第二次发表文章时,便把八项归纳成一项或二项了。即:"历史的文学见解",简单的说,就是一个时代有一个时代的文学,这一点是可以存在的。后来又归纳成十个字:"国语的文学,文学的国语"。消极方面,我们要提倡白话,因为现在是新的时代,是活的时代,在新时代活时代中用死文字不能产生活的文学。我们举例证明我们所提倡的在原则上是不错的,就是在历史上有许多人用白话作诗填词,尤其是小说,因为历史上给我们许多好的例子,使我们的"历史文学观"才能站得住,才能在国内取信于人,使一部分人相信我们的说法,觉得还有道理。积极方面就是十个字"国语的文学,文学的国语"。就是必须以白话作文学。所谓国语,不是以教育部也不是以国音筹备会所规定的作标准,而是要文学作家放胆的用国语做文学,有了国语的文学,自然有文学的国语。后来的文艺都是朝这个方向走的。

问:胡先生说:"有了国语的文学,自然有文学的国语",多少年来,在国语的创造过程中,除了以白话写文学作品外,发生了取材来源的问题。有人在旧的诗词歌赋里寻辞藻,有的在活的语言里找材料。请胡先生根据中外文

学史上的看法，对国语的取材和生活的语言里找材料应该有些什么要注意，给我们指示，免得暗中瞎摸，走很多冤枉路。（何容先生）

答：何先生问的问题很大，我觉得何先生自己已经提出了正确的答案了。从活的语言里找材料，是最正当合理的路；在旧文学里找材料，我认为除了做文学史的研究以外，恐无多大希望！在活的语言里找材料，当初我们提倡国语文学时，在文字上，口说上都说得很清楚，所谓"国语的文学"，我们不注重统一，我们说得很明白：国语的语言——全国语言的来源，是各地的方言，国语是流行最广而已有最早的文学作品。就是说国语有两个标准，一是流行最广的方言，一是从方言里产生了文学。全世界任何国家如欧洲的意大利、法国、德国、西班牙、英国的文学革命，开始都是以活的语言而流行最广的国语，这是第一个标准。第二，这个方言最好产生文学，作教学的材料。总之国语起源于方言，我是希望国语增加它的内容，增加它的新的辞藻，活的材料，它的来源只有一个，就是方言。拿过去的文学来看，《醒世姻缘》的伟大，就是作者蒲松龄敢用山东土话，所用的并且是山东淄川、章邱的土话，《金瓶梅》（到现在还不知作者是谁）也是用的山东土话，《水浒传》里有许多是中国东北部西北部的方言，《儿女英雄传》《红楼梦》用的更是纯粹的北京话,这也是方言。敢用真正实地的谨严的记录下来的方言,才使这些书成为不朽的名著。所以我不主张注重统一,而要想法子在各地的方言里找活的材料,以增加国语的蓬勃性文学性,不知何先生以为如何?

问:胡先生近年来对于新诗戏剧的创作,不知有没有作品?胡先生在台北三军球场公开演讲,听众人山人海,仍有许多人向隅。假使胡先生有新的剧本创作,我们每天可以上演,把胡先生的思想透过文艺,比胡先生自己公开演讲更有意思。

美国最近文坛概况请胡先生顺便告诉我们。(王蓝先生)

答:王先生提出的两个问题,我恐怕都要缴白卷。新诗,我从前尝试过多少次,近年来,便没有作过。这次离美返国前曾把以前作的新诗,无论在杂志上发表过的或没有发表过的搜集在一块,交与一位朋友看,匆忙中没有带来,将来准备在台湾刊印,这在文坛上绝不会有任何贡献,不过有一点历史的意味。当初做新诗,像开山开路一样,等到路开成了,自己却逃了。拟刊印的诗集,只是一点过去的成绩,印出来以后,还请大家指教。

戏剧,我一生就没敢作过,从前写的独幕剧《终身大事》,那是小玩意!王先生的意思,甚为谢谢!等我把几本书写出后,到七十岁八十岁之间,我也许会来尝试尝试戏剧的创作。

第二个问题，我要完全缴白卷了，几年来因为世界政治形势的太不安定，我差不多放弃了对于文学的研究。关于美国文坛的情况，《纽约时报》和《论坛报》每周都有一张销行最广的书目表分送，表内所列的新书，一面是属于小说的，一面是非小说的。这两张表所列的新书，小说方面，十部中我顶多看了一二部，非小说的，十部中顶多看三四部。我对于美国文坛还没有做过有系统的考察，诸位有兴趣，我去美后如有时间，当加以研究，随时向国内文艺界作简单的报告，现在只好缴白卷了。

问：自从总统提倡读经后，有许多人的看法是：提倡民族文化与提倡近代文化，好像有些冲突，这两者之间，如何求其沟通？（赵友培先生）

答：这个问题，应该分开来说：关于读经部分，照我所知道的，总统并没有提倡读经。在座中政府里面有好几位首长，他们可以帮助我说明，或者证明。这个问题，不在今天讨论的范围之内，暂且放着。

至赵先生讲的后半段，我倒很想讨论一下。有许多人说，要白话作得好，古书要读得好。比方胡适之、周作人、鲁迅，他们白话文作得好，都是旧书读得好。这个话是不正确的。有机会，我都尽量驳他。我们这一辈，因为时代的关系,念了许多古书,古文够得上说是读通了。但是我希望将来的作家,不要走这一条路,我们因为旧书读多了,作白话文往往不能脱掉旧文学的影响,所以白话文作不好。语言学专家,也是世界语言学泰斗,赵元任先生曾同我说:"适之,你的白话不够白,"这个批评是不错的。《胡适文存》再版序里,我就说过,作过旧文学的人,不能作好新文学,这等于裹了小脚的女人要放脚,无论如何不能恢复他的天然脚,只有添一点棉花,冒充大脚。我们学过文言文,没有办法写好白话文,我常常说,写好的白话文,一定要等我们的儿子们或孙子们了。所以一方面希望我们的政府多多提倡活的文学(白话文),增加活的文学教材,减少死的文学教材,并不要使古文白话并在一块,文白不分,使得后来的小孩子弄不清楚那种是活的语言,那种是死的语言。我当初认为我们的儿子,也许是过渡时间。到了我们的孙子,一定作纯粹的白话文,可是多少年来,政府多少有点错误,教科书里面,夹着死的文学,弄得儿童认识不清楚真正语言的纯粹性,直到今天,白话文的进展,还不能达到我们的希望。我们的儿子辈,现在已经不能作好的白话文!如积极提倡纯粹的白话文学,将来也许产生好的白话文学。千万不要把脚裹小了再来放脚。我觉得这一点值得大家注意,也是我诚恳的希望。

问：胡先生在台大所讲的治学方法，是从自然科学来的。但自然的现象是固定的；人，不是固定的。用自然科学方法来研究人文科学，只能看到一个角度。以《西游记》来说，写唐僧是一个脓包，从这人来看，时代来看，唐僧不是唐玄奘，而是明世宗；猪八戒是严嵩。这种方法，不知道对不对？（李辰冬先生）

答：这个问题很大，今天时间不够了，只能作很简单的答复。

我觉得研究文学有两种看法。我三十年来作的小说考证的工作，完全是文学史的看法，不是研究文学的看法。研究文学，让给许多作家去作。

刚才李先生所讲的方法，危险性很大，求证据很困难。我们中国有名的小说，可分为两大类，一大类是经过长时期的演变下来的。《水浒传》《西游记》《三国演义》《东周列国》《封神榜》《隋唐演义》，都是例子。这些小说的来源，都是很简单、很短的故事，慢慢扩充成功伟大的创作。如《水浒传》由简单的故事变成一百回、一百二十回、一百二十四回，《西游记》也是一样的，我们知道唐僧取经的故事，是很简单很短的。现在的《西游记》，是历史演变成的。从历史的演变来看，就是用历史的演变的方法来研究，不加以主观的看法。

另一大类，是创作小说。创作小说，产生得很晚。起初都是短篇，《三言》《两拍》。到了后来，才有长篇的创作，譬如《儒林外史》《海上花列传》《儿女英雄传》。我考证创作小说，也一样的用考证文学史的方法。如《儒林外史》作者吴敬梓的考证，把他的传记材料搜在一块，认识他的思想和背景，吴敬梓是颜、李学派的信徒，反对八股，反对当时教育制度，考试制度。《红楼梦》作者曹雪芹的考证，也是一样的，把他的名字找出来。他的父亲是什么人？叔父、祖父是什么人也找出来。《儿女英雄传》初版，作者用一个假的名，假的序。我照样用传记材料来证明《儿女英雄传》是光绪年间一个旗人文康作的。

文学史上有两个不同的考证，一个是传记考证，一个是历史的演变。李先生刚才说的对于《西游记》的研究，我很想看看新的材料。不过我觉得《西游记》是历史演变成的东西，我想我们研究文学史，看他如何演变，不必太去深求；太去深求，也许容易走上猜谜的一条路。你说唐僧是写的明世宗，猪八戒写的严嵩，孙悟空、沙和尚又写的谁呢？我们要晓得几百年前南宋时代，唐玄奘取经的故事里面，就有了沙和尚，那时写的是谁呢？历史的看法，"大胆的假设"，包括李先生的方法，但是还得要"小心的求证"。根据我个人的经验，中国的旧小说分成两大类，一个是演变的，一个是创作的，这一点值得提供文学史研究者的参考。

（本文为1952年12月8日胡适在文艺协会座谈会上的答问，原载1952年12月8、9日台北《"中央"日报》）

提倡拼音字
《国语日报》欢迎会上答问

问：汉字的读音如何确定？

答：关于这个问题，我不配讲，最好有机会请语言专家赵元任先生、李方桂先生他们回来指导，或者请他们写写文章。赵先生同他的小姐在美国教国语，都有很好的经验，李先生也在美国教国语，他教的方法与赵先生教的方法并不相同，以他的方法来教，三个月到六个月能够说话，听话。并能用注音符号。他们三个人在美国三个地方，赵先生在加州大学，李先生在耶尔大学，赵小姐又在另外一个地方。在台湾的国语刊物，可以寄给他们一份，将来也许得到一些外国订户，获得小小外汇。

问：常用字限制的问题。

答：你们几位先生根据实际的经验，比我知道的，一定更多。日本根据这几年的经验,认为一千五百字可以够了,不晓得各位先生根据经验,认为这个数目够不够?(问者答可以够了。)日本对同音的字,完全是假借,在美国教国语的赵元任先生也是这个主张。例如高山族的卑麻族、阿眉族,如用注音字写出,还比较正确。

问:注音拼外来语怎么样?

答:这样比较正确。外来语,往往不容易找到适当的字。比方艾森豪三个字,都是不大用的,这个音也不大正确。用拼音比较正确。杜威两个字也是一样,所以我认为拼音字,值得提倡。

问:方言问题。

答:我主张不要严格的限制。拿日本的经验来说,严格限制,很难做到。多少年来习用的方言,总是要流传的。

问:为养成阅读能力要念古书,古书念得越多,越不容易写白话文,这是一个很难解决的矛盾。

答:文艺协会招待会,也有人问到这个问题。我是不主张读古文的。我们这一辈的人作白话文,犹如裹小了的脚放不好一样,写不好白话。真正要白话写得好,是在下一辈的儿子,现在儿子已经三四十岁,也写不好了,只有等待孙子了。我们希望孙子一辈把白话文写得好,千万不要叫他弄老古董。同时要叫人知道作白话文、学国语,是使他们把语言弄好。国语的字,大部分都可以用到古文上去。所以我们提倡白话文三十几年的结果,古书的销路增加了。商务、开明这几家大的书店,在白话文提倡以前,出版的明清小说,只能销售四百本到一千本。《茶花女》《天演论》,算是销售最多的书,一处也不过销售几百本。白话文提倡以后,古书销售的数目,增加了三十倍到四十倍。后来把古书加上标点,使大家容易看得懂,销路于是大大的增加。

再拿写文章来说,过去读了很多的书,都不容易写通,以后中学生就会写文章,这是白话文弄通的。这一点要提起大家了解。从前读书要讲了后才懂得,白话文弄通了,他就可以看古书,不用讲,所以作白话文,不但不妨害弄古书,还可以帮助弄古书。

问:简字是不是要加以规定?

答:我很赞成简字。不过简字怎样来的呢?我认为是慢慢承认的,譬如"敵"的简写"敌",是慢慢承认的,定一个标准,恐怕不容易。又"個"字我写成"个",而印书的总是改为"個",总之,不一定要定标准。提倡这个用意,大家来实行。

问:台湾国语运动的情形,胡先生看怎样?

答:佩服之至。我的看法,不要求之太速。台湾光复不到七年,已经有现在这个程度,是了不得的。我觉得由教师与教育当局注意就行了,不许学校里面的学生——儿童说方言，是不好的，也做不到的。现在训练出来的师资不够，不够养成一个环境，让他说方言。这在文化上说，并不是没有益的。至于说是怎样使国语统一呢？由公家学校出来的儿童，可以用国语说话，听得懂国语，看得懂国语，并能用国语就行了。儿童回到家里，讲他的方言，台湾话、客家话、闽南话，没有法子禁止的，而且不应该禁止。再以国语来说，他的来源，就是方言。英国、义大利、德国、法国的国语，都是方言。不过他流行最广，所以占优势。

一种方言，不知不觉产生一种文章，有了文章，所以地位很高，流行很广。英法德意的国语，就是这样产生的。所以不要太严格，不一定要说北京话。不一定要读某一种音，才是标准的国语。发音，也不必要求太严格，例如，"我"读ㄦㄛ可以，读ㄨˇㄛ也可以。

方言，我看是没有方法消灭的，听他自然的好。英国这个进步的国家，地方很小，人口也只有四千万，交通方便，教育发达，可是她还有几十种语言，方言更多，有二百多种。所以我认为不要禁止儿童说方言，只要他毕业以后，能够用国语就行了。

（本文为1953年1月6日胡适在台北《国语日报》欢迎会上的答问，收入《胡适言论集》乙编）

传记文学

今天我想讲讲中国最缺乏的一类文学——传记文学。

这并不是因为我对传记文学有特别研究,而是因为我这二、三十年来都在提倡传记文学。以前,我在北平、上海曾演讲过几次,提倡传记文学;并且在平常谈话的时候,也曾劝老一辈的朋友们多保留传记的材料,如梁任公先生、蔡孑民先生,和绰号财神菩萨的梁士诒先生等,我都劝过。梁士诒先生有一个时期很受社会的毁谤。有一次,他来看我,我就劝他多留一点传记材料,把自己在袁世凯时代所经过的事,宣布出来,作成自传;不一定要人家相信,但可以借这个机会把自己做事的立场动机赤裸裸的写出来,给历史添些材料。可是这三位先生过去了,都没有留下自传。蔡先生去世十多年,还没有人替他做一部很详细的传记。梁任公先生五十多年的生活,是生龙活虎般的;他的学说,影响了中国数十年；我们觉得应该替他作一部好的传记。那时丁文江先生出来担任搜集梁任公传记的材料，发出许多信并到处登广告，征求梁任公与朋友来往的书札以及其他的记述。丁先生将所得到的几万件材料，委托一位可靠并有素养的学者整理；后来写了一个长篇的初稿，油印几十份交给朋友们校阅。不幸国家多故，主办的丁文江先生很忙，未及定稿他本人也死了。所以梁任公先生传记到现在还没有定稿。梁士诒先生死后，他的学生叶誉虎先生根据他生前所经手做的事情的许多原始材料，编了两本《梁燕孙先生年谱》。这虽然不是梁先生的自传，但是内容完备详细，我看了很高兴。这个年谱的刊行，可以说是我宣传传记文学偶然的收获。今天借这个机会我又要来宣传传记文学了！我希望大家就各人范围之内来写传记，养成搜集传记材料和爱读传记材料的习惯。

师院同学曾要我谈谈《红楼梦》。《红楼梦》也是传记文学，我对《红楼梦》的作者曹雪芹作过考据，搜集曹雪芹传记材料，知道曹雪芹名霑，雪芹是他的别号，他的前四代是曹玺、曹寅、曹颙、曹洪。《现代名人大辞典》里列有曹霑的名字，使爱读《红楼梦》的人知道《红楼梦》作者的真名和他的历史，算是我的小小贡献。这种事情是值得提倡的。我的书现在大陆已买不到了，在"自由中国"流传的也很少。

我希望这次回来能将我所写的有关《红楼梦》的文章（散见在《胡适文存》《胡适论学近著》中的），再加上我朋友们所找到的有关曹家的材料（如台大教授李玄伯先生所发表过的文章，以及吴相湘先生在清故宫发现的秘密了差不多一百五十年的奏本），收集在一起，合印为一册，使爱读《红楼梦》及关心《红楼梦》的人有一个参考。也许我下次再来时，便可以谈谈《红楼梦》了。

我觉得二千五百年来，中国文学最缺乏最不发达的是传记文学。中国的正史，可以说大部分是集合传记而成的；可惜所有的传记多是短篇的。如《史记》《汉书》《后汉书》《三国志》《晋书》等，其中的传记有许多篇现在看起来仍然是很生动的。我们略举几个例：太史公的《项羽本纪》，写得很有趣味；《叔孙通传》，看起来句句恭维叔孙通，而其实恐怕是句句挖苦叔孙通。《汉书·外戚传》中的《赵飞燕传》，描写得很详细，保存的原料最多。《三国志》裴松之的注，十之八九是传记材料。《晋书》也有许多有趣味的传记，不幸是几百年后才写定的。《晋书》搜集了许多小说——没有经过史官严格审别的材料——成为小说传记，给中国传记文学开了一个新的体裁。后来作墓志铭小传，都是受了初期的几部伟大的历史——《史记》《汉书》《三国志》等——的传记体裁的影响。不过我们一开头就作兴短传记的体裁，是最不幸的事。

中国传记文学第一个重大缺点是材料太少，保存的原料太少，对于被作传的人的人格、状貌、公私生活行为，多不知道；原因是个人的记录日记与公家的文件，大部分毁弃散佚了。这是中国历史记载最大的损失。

除了短篇传记之外，还有许多名字不叫传记，实际是传记文学的"言行录"。这些言行录往往比传记还有趣味。我们中国最早、最出名，全世界都读的言行录，就是《论语》。这是孔子一班弟子或者弟子的弟子，对于孔子有特别大的敬爱心，因而把孔子生平的一言一行记录下来，汇集而成的。

中国从前的文字没有完全做到记录语言的职务；往往在一句话里面把许多虚字去掉了。《尚书·商盘》、《周诰》为什么不好懂？就是因为当初记录时，没有把虚字记录下来，变成电报式的文字。现在打电报，为了省钱，把"的""呢""吗"等虚字去掉。古代的文字记载所有过简的毛病，不是省钱，而是因为记录的工具——文字不完全。大概文字初用的时候，单有实字，——名词、代名词，没有虚字。实字是骨干，虚字是血脉，精神。骨干重要，血脉更重要。所以古时的文字，不容易把一个人讲的话很完全的记录下来。到了春秋时代，文字有了进步，开始有说话的完全纪录。最早最好的说话纪录，是《诗经》。《诗经》里的

《大雅》、《周颂》，文字还不十分完全。但是《国风》全部和《小雅》一部分，是民间歌唱的文字；因为实在太好了，所以记录的人把实字、虚字通通记录下来了。如"投我以木桃；报之以琼瑶。匪报也，永以为好也！"表示口气的"也"字都写出来了。又如"俟我于著乎而？充耳以素乎而？尚之以琼华乎而？"你看看，耳环带红的好，还是带白的好？又带什么花咧？把一个漂亮的小姐问他爱人的神态，通通表现出来了。这是记录文字的一个好榜样。至历史上最好的言行录，就是刚才说的《论语》。《论语》文字，虚字最多。比方"学而时习之，不亦说乎！"一句话有五个虚字。子禽问于子贡曰："夫子至于是邦也，必闻其政。求之欤？抑与之欤？"这是孔子的一个学生问另外一个学生的话。拿现在的话来说：我们的老师到一个国家，就知道人家政治的事情，这是他自己要求得来的，还是人家给了他的呢？子贡答复的最后两句话："夫子之求之也，其诸异乎人之求之欤！"（我们的先生要求知道政治的事情，恐怕同别人家的要求不同一点吧！）这样一句话，竟有十个虚字。这是把说话用文字完完全全记录出来的缘故，妙处也就在这里。

　　《论语》这部书，在中国文学史上占最重要的地位。这部书的绝大部分是记孔子同他的弟子或其他的人问答的话的。聪明的学生问他，有聪明的答复；笨的学生问他同样的一个问题，他的答复便不同。孔子说话，是因人而异的；但他对学生、对平辈，以及对国君——政治领袖——那种不卑不亢的神情，在《论语》里面，是很完整的表现出来了。现在有许多人提倡读经；我希望大家不要把《诗经》、《论语》、《孟子》当成经看。我们要把这些书当成文学看，才可以得到新的观点，读起来，也才格外发生兴趣。比方鲁定公问孔子一个问题，问得很笨。他问道："一言而可以兴邦，有诸？"这正如现在我要回到美国，美国的新闻记者要我以一分钟的时间报告这次回台湾的观感一样。孔子对曰："言不可以若是；其几也！人之言曰：'为君难，为臣不易。'如知为君之难也，不几乎一言而兴邦乎？"（孔子的话译成现在的话就是："一句话便可以把国家兴盛起来，不会有这样简单的事；但说个'差不多'罢！曾有人说过，'做君上难；做臣下也不容易。'如果一个国君知道做君上的难，那么不是一句话就差不多可以把国家兴盛起来么？"）定公又问："一言而丧邦，有诸？"孔子答复道："言不可以若是；其几也！人之言曰，'予无乐乎为君，唯其言而莫予违也！'如其善而莫之违也，不亦善乎！如不善而莫之违也，不几乎一言而丧邦乎？"（孔子的话译成现代的话就是："一句话把一个国家亡掉，不会有这样简单的事；但说个'差不多'罢！曾有人说过，'我不喜欢做一个国君；做一个国君只有一件事是可喜欢的，那就是：我的话没有人敢违抗。'如果他所说的是好话而没有人敢违抗，那岂不是很好的事!如果他所说的不是好话而没有人敢违抗,那么,岂不是一句话便差不多会把一个国家亡掉了么!")我们从孔子和鲁定公这段对话来看,知道《论语》里面,用了相当完备的虚字。用了完备的虚字,就能够把孔子循循善诱的神气和不亢不卑的态度都表现出来了。像这样一部真正纯粹的白话言行录,实在是值得宣传,值得仿效的。很可惜的,二千五百年来,没有能继续这个言行录的传统。不过单就《论语》来说,我们也可知道,好的传记文字,就是用白话把一言一行老老实实写下来的。诸位如果读经,应该把《论语》当作一部开山的传记读。

我们若从语言文字发展的历史来看,更可以知道《论语》是一部了不得的书。它是二千五百年来,第一部用当时白话所写的生动的言行录。从《论语》以后,我们历史上使人崇拜的大人物的言行,用白话文记录下来的,也有不少。比方昨天我们讲禅宗问题时提到的许多禅宗和尚留下来的语录,都是用白话写的。这些大和尚的人格、思想,在当时都是了不得的。他有胆量把他的革命思想——守旧的人认为危险的思想说出来,做出来,为当时许多人所佩服。他的徒弟们把他所做的记下来。如果用古文记,就记不到那样的亲切,那样的不失说话时的神气。所以不知不觉便替白话文学、白话散文开了一个新天地。尤其是湖南"德山"和尚和河北"灵济"和尚的语录,可以说都是用最通俗的话写成的。现在我不必引证他们的语录,但是从那记言记行的文字中,可以知道,这些大和尚的语录,的确留下了一批传记的材料。

还有古时的许多大哲学家,思想界的领袖,他们的言行录,也是一批传记的史料。比方死于一千二百年的朱子,在他未死之前,他的学生就曾印出许多《朱子语录》;朱子死了之后,又印出了许多。这些都是朱子的学生们,在某年某月向朱子问学所记录下来的东西。这些语录,大部分是白话文。后来《朱子语录》传出来的太多了,于是在朱子死后六七十年间,便有人出来搜集各家所记的语录,合成一书,以便学者。这就是我们现在所有的黎清德编的《朱子语类》一百四十卷。假如写朱子传记,这部《语类》就是好材料。为朱子写年谱的人很多。最有名的是一位王懋竑先生;他费了半生时间,为朱子写年谱,都是用语录作材料。这些白话语录,记得很详细;有时一段谈话,就有几千字的纪录。这些有价值的材料,到现在还没有充分利用。像这样完全保存下来的史料,实在很少很少。明朝有一位了不得的哲学家王阳明,他的学生佩服老师,爱敬老师,也为老师记下了一大批白话语录。后来就有人根据这些语录,来写王阳明年谱。语录可说是中国传记文学中比较好的一部分。可惜二千五百年来，中国历史上许多真正大学者，平生的说话，很少有人这样详细的用白话记录下来的。就是个人的日记，书翰，札记这类材料，也往往散佚，不能好好的保存下来。所以中国的文学中，二千五百年来，只有短篇的传记，伟大的传记很少很少。

我们再看西洋文学方面是怎样的呢？最古的希腊时代，就有许多可读的传记文学；譬如大哲学家苏格拉底（Socrates）的两个大弟子，都曾写下许多苏格拉底的言行录。他的一个大弟子叫施乃芬（Xenophon），规规矩矩的写他老师的一言一行。另外一个大弟子柏拉图（Plato），是一个天才的文学家。他认为他的老师是一个最伟大的人，不应该没有传记，不应该没有生动的、活的传记。他用戏剧式写出了他的老师苏格拉底和朋友及门人的对话。这种对话留传下来的有几十种。其中关于苏格拉底临死以前的纪录就有三种。当时社会上的人控告苏格拉底，说他是异端、邪说，不相信本国的宗教，煽惑青年、带坏了青年，要予他的惩罚。当时的希腊已是民主政治，就将他交由人民审判——议会审判。柏拉图所描写苏格拉底在法庭上为他自己辩护的对话，叫做《苏格拉底辩护录》，为世界上不朽的传记文学，审判的结果，还是判他死罪。再一部是写他在监里等死的时候，同一个去看他的学生的对话录。还有一部是写他死刑的日子，服毒前的情景。

当毒药拿来时,他还如平时一样从容的同他的学生谈话,谈哲学和其他学问的问题,等到时候到了,苏格拉底神色不变的将毒药吃下去。那种毒药的药性,是先从脚下一点一点的发作上来的。苏格拉底用手慢慢向上摸着说,"你看!药性已经发作到这地方了。"他的学生看到毒药在他老师身上起着变化,拿一条巾把他盖起来;一会儿苏格拉底还没有死,自己把它拿开了,嘱咐他的学生说:"我在药王——医药之神——前许过愿要献他一只鸡。请你不要忘记了,回去以后,到医药之神那里献上一只鸡。"他的学生说:"一定不敢忘记。"这是最后的问答。这三种谈话录,可算是世界文学中最美、最生动、最感人的传记文学。

基督教的《新约全书》中有四福音。第四个福音为《约翰福音》,是四福音中较晚的书。前面三个福音为《马太福音》、《马可福音》、《路加福音》;这三个福音是耶稣死后不久,他的崇拜者所记下来的三种耶稣的言行录,也像《论语》为孔子的一种言行录一样。这三种言行录中有一部分的材料相同,有一部分不相同,但都是记录他们所爱戴的人在世时的一言一行的。这三个福音也是西洋重要的传记文学。以传记文学的眼光来看,是很值得人人一读的。

在希腊、罗马以后,当十八世纪的时候,英国有一个了不得的文学家约翰生博士(Dr. Johnson)。这个人谈锋很好,学问也很好。同时有一个人叫做博施惠（Boswell）的，极崇拜约翰生，就天天将约翰生所说的话记录下来。后来就根据他多年所写的纪录，作了一部《约翰生传》。这是一部很伟大的传记，可以说是开了传记文学的一个新的时代的。

再说九十年前就任美国总统的林肯，是一个出身很穷苦的人。他由于自己努力修养成为一个大人物，在国家最危险的时期出来作领袖。他在被选为连任总统的第一年中，被人刺杀而死。这个真正伟大人物的传记，九十年来仍不断的出来；新材料到今天还时有发现，其中有许多部可以说是最值得读的书。

不但文人和政治家的传记值得读，就是科学家的传记也值得读。近代新医学创始人巴斯德（Pastur）的传记，是由他的女婿写的，也是一部最动人的传记。巴斯德是十九世纪中法国的化学家。到他以后，医学家才确定承认疾病的传染是由于一种微菌。他一生最大的贡献也就在于微菌的发现。我们中国有一句很流行的话，叫做"物必先腐也，而后虫生之"。差不多很多人做文章的时候都这样写。其实这一句话是最错误的。照近代医学的证明，并不是物腐而后虫生，乃是虫生而后物腐。这个重大而最有利于生命的发现，是巴斯德对于人类的大贡献。这一个科学家的传记，使我这个外行人一直看到夜里三、四点钟，使我掉下来的眼泪润湿了书叶。我感觉到传记可以帮助人格的教育。我国并不是没有圣人贤人；只是传记文学不发达，所以未能有所发扬。这是我们一个很大的损失。

我们的传记文学为什么不发达呢？我想这个问题值得大家讨论。今天时间不多，只简单的就个人所领会的提出二三点：

第一，传记文学写得好，必须能够没有忌讳：忌讳太多，顾虑太多，就没有法子写可靠的生动的传记了。譬如说，中国的帝王也有了不得的人，像汉高祖、汉光武、唐太宗等，都是不易有的人物。但是这些人都没有一本好传记。我刚才说过，古代历史中对传记文学的贡献很少；现在我想起，在《后汉书》中有一篇《汉光武传》，是值得我们注意的。这一篇中，保存了许多光武寄给他的将领、大臣，以及朋友的短信——原来也许是长信，大概是由史官把他删节成为一、二句或几行的短信的。除此以外，其他的帝王传记都没有这样的活材料。因为执笔的人，对于这些高高在上的人多有忌讳，所以把许多有价值的材料都删削去了。讲到这里，我不能不一一提及一件近代的掌故。清朝末年有一个做过外国公使的人的女儿，叫做德菱公主的，懂得几句外国话，后来嫁给外国人。她想出一个发财的方法，要做文学的买卖，就写了一部《西太后传》。你想她这样的人一生中能够看见几次西太后？我恐怕她根本就没有法子看见西太后，所以她从头就造谣言来骗外国人。这样的传记，当然不会有什么大价值的。

此外，有许多人有材料不敢随意流传出去，尤其是专制国家中政治上社会上有地位的人，甚至文人，往往毁灭了许多有价值的传记材料。譬如，清朝的曾国藩，是一个很了不得的人；他死了以后，他的学生们替他写了一个传记。但是我把他的日记（据说印出来的日记已经删掉一部分）对照起来，才知道这本传记，并没有把曾国藩这个人写成活的人物。我们可以说一直到现在，还没有一本好的曾国藩的传记。什么缘故呢？因为有了忌讳。中国的传记文学，因为有了忌讳，就有许多话不敢说，许多材料不敢用，不敢赤裸裸的写一个人、写一个伟大人物、写一个值得做传记的人物。

第二个原因，是我们缺乏保存史料的公共机关。从前我们没有很多的图书馆——公家保存文献的机关，一旦遇到变乱的时候，许多材料都不免毁去。譬如说，来了一个兵乱，许多公家或私人的传记材料都会完全毁灭。我举一件事情来说明这个道理罢。大家知道第一次世界大战时美国总统威尔逊是一个伟大的人物，为举世所公认的伟大领袖。他死了以后，他家属找人替他作传，就邀集了许多朋友在家中商量。后来决定请贝克（Baker）替他作传。贝克考虑后答应了。所需的材料，威尔逊太太答应替他送去；后来由当时的陆军部长下命令，派七节铁甲车替威尔逊太太装传记材料给贝克。你想，光是威尔逊太太家中所存的材料就可以装了七辆车！我们中国因为很少有保存这种材料的地方，所以有些时候，只好将这种材料烧毁了。烧毁之后，不知道毁去多少传记学者要保留的材料。

以上两点，只是部分，说明中国传记文学所以不发达的原因。还有第三个原因是因为文字的关系。我感觉得中国话是世界上最容易懂的话。但文字的确是困难的。以这样的文字来记录活的语言，确有困难。所以传记文学遂不免吃了大亏。

前边我介绍的几部我们文学中的模范传记，也可以说是我们划时代的传记文学。《论语》是一部以活的文字来记录活的语言的；禅宗和尚的语录，在文学上也开了一个新的纪元，在传记文学上开辟了一个新的天地，提倡了一种新的方法。后来中国理学家的语录，像《朱子语类》和《传习录》（王阳明）等等，多是用白话来记录的。但因为文字的困难，不容易完完全全记录下活的语言，所以这类的文学，发达得比较慢。这是我们传记文学不发达的第三个原因。

最后，我想提出两部我个人认为是中国最近一、二百年来最有趣味的传记。这两部传记，虽然不能说可以与世界上那些了不得的传记相比，但是它在我们中国传记中，却是两部了不得，值得提倡的传记。

一、《罗壮勇公年谱》（即《罗思举年谱》）；

二、汪辉祖《病榻梦痕录》及《梦痕余录》。

这两部书，是我多少年来搜求传记文学得到的。现在先介绍第二部。

汪辉祖，本来是一个绍兴师爷。当他十几岁的时候，就开始跟人家学做幕府。后来慢慢的做到正式幕府。所谓幕府，就是刑名师爷。因为从前没有法律学校，士子做官的凭科举进阶。而科举考的是文学，考中的人，又不见得就懂法律，所以做官的人，可以请一个幕府来做法律顾问，以备审问案件的时候的咨询。汪辉祖从十七岁步入仕途，一直在做幕府工作，直到三十九岁左右才中了进士。他虽然没有点翰林，但是已经取得了做官的资格，就奉派到湖南做知县。因为他是做幕府出身的，所以当他奉派到湖南做知县的时候，他没有请幕府。就这样一直做到和他的上司闹翻了，才罢官回乡。在家园中又过了几十年，才与世长辞。他的这部《病榻梦痕录》与《梦痕余录》，写的就是他做幕府与做官的那些经历，实在是一部自传。因为他生在清朝乾嘉时代，受了做官判案的影响，所以他以幕府判案的方法和整理档案的方法，来整理学问的材料。他所著的那部《史姓韵编》，可以说是中国《二十四史》的第一部人名索引。他讲政治的书籍，连《梦痕余录》在内，后人编印了出来，名叫《汪龙庄遗书》。这一部书后来成为销行最广的"做官教科书"，凡是做知县的人，都要用到这部书，因为这部书里头，尽是关于法律、判案、做官及做幕府的东西。我名为"做官教科书"，是名符其实的。

汪辉祖的自传，在现代眼光看来，当然嫌它简略。但是我们如果仔细从头读下去，就可以知道这是一部了不得的书。我们读了以后，不但可以晓得司法制度在当时是怎样实行的，法律在当时是怎样用的，还可以从这部自传中，了解当时的宗教信仰和经济生活，所以后来我的朋友卫挺生要写中国经济史，问我到那里去找材料，我就以汪辉祖的书告诉他。因为我看了这本书，知道他在每年末了，把这一年中，一块本洋一柱的换多少钱，二柱、三柱的又换多少钱，谷子麦子每石换多少钱，都记载得很清楚。我当时对本洋的一柱、二柱、三柱等名目，还弄不清楚。卫挺生先生对这本书很感兴趣；研究以后向我说：书中所谓一柱、二柱、三柱，就是罗马字的ⅠⅡⅢ，为西班牙皇帝一世、二世、三世的标记；中国当时不认识这种字，所以就叫它一柱、二柱、三柱。

其次讲到当时的宗教信仰。这里所谓宗教信仰，不是讲皇帝找和尚去谈禅学,而是说从这本传记中可以了解当时士大夫所信仰的是什么。因为汪辉祖曾经替人家做过幕府,审问过人民的诉讼案件;我们看他的自传,可以知道他是用道德的标准来负起这个严格的责任的。他说:他每天早晨起来,总是点一支香念一遍"太上感应篇",然后再审案。这是继续不断,数十年如一日的。"太上感应篇"是专讲因果报应的;我们当然不会去相信它。不过还是值得看一看。汪辉祖天天都要念它一遍;这可以代表一个历史事实,代表他们所谓"生做包龙图,死做阎罗王"的思想。包龙图是一个清官;俗传,他死了以后,就做了第五殿阎罗王。所以他们认为生的时候做官清廉,死了就有做阎罗判官的资格。这原是他的一种理想,也可说是当时一般法律家的一大梦想。由于汪辉祖每天要念"太上感应篇",所以他到了老年生病发烧发寒的时候,就做起怪梦来,说是有个女人来找他去打官司,为的是汪辉祖曾经因为救了一个人的生命,结果使她没有得到贞节牌坊,所以告他一状,说他救生不救死。汪辉祖当时对这个案子虽然很感困难,但也觉得似乎有点对不起那个女子。但是人家既然告了他的状,他也不得不去质对。对质结果,准他的申诉。这一段写得很可笑。我讲这件事有什么意思呢?就是我们从这里可以看出汪辉祖的宗教观。

其次,讲到《罗壮勇公(思举)年谱》——这也是值得一看的书。罗思举是贫苦出身的。当满清嘉庆年间，白莲教作乱，满清官兵不够用了，就用各省的兵。罗思举就是在这个军队中当大兵出身的，后来慢慢晋升，竟做了几省的提督。因为罗思举是当兵出身的，所以他写的自传，都是用的很老实很浅近的白话。现在，我就举一两个例子，来看看他写的是多么的诚朴。他说：他当小孩子的时候，曾经做个贼，偷过人家的东西；他的叔父怕他长大也不学好，所以就把他打了一顿，然后再拿去活埋；幸而掩埋的泥土盖得不多，所以他能够爬了出来，并跑到军队里头去当兵。这一点，可以说是写得很老实的。至于他写清朝白莲教的情形，也很可注意。他说白莲教原不叫白莲教，而叫"百莲教"，就是一连十、十连百的一种秘密组织。当时剿"白莲教"的军队，据他说都是一些叫化子军队；打起狗来，把狗肉吃了，狗皮就披在身上蔽体。这也是一种赤裸裸的写法。最后，我还要举一个例子：我们常常听到人说，我们是精神文明的国家，我们希望这种人把罗思举的年谱仔仔细细的一读。他说，有一天在打仗的时候，送粮的人没有赶上时间，粮草因此断绝。他怕影响军心，于是他就去报告他的长官："我们粮草断绝，没有办法，可不可以把几千俘虏杀来吃？"他的长官说："好。"结果，就把俘虏杀来吃了，留下一些有毛发的部分。第二天，运粮的人仍然没有到，于是又把昨天丢了的那些有毛发的部分捡起来吃。第三天，粮草才运到。这些都是赤裸裸的写实。

我过去对中国传记文学感到很失望；但是偶然得了一些值得看一看的材料，所以特别介绍出来供诸位朋友研究。

（本文为1953年1月12日胡适在台湾省立师范学院的演讲，原载1953年1月13日台北《"中央"日报》、《公论报》等报）

白话文的意义

校长,各位先生,各位同学:

现在常常有人找我去演讲,我因为事情很忙,就告诉新闻界的朋友说,我的店底已经卖完了,新货还没有来,现在只好暂停交易,以后再择吉开张。可是两星期以前江校长要我来同诸位谈谈,也没有告诉我什么题目,曾经有一位新闻记者问我在一女中准备讲什么?我说:想对各位中学生朋友讲白话文的意义。后来报纸上登出来的是"白话文的改革",好在意思都差不多。

今天我要讲的是我们提倡白话文来代替古文,以活的语言作教育的工具,作文学的工具,究竟白话文的基础是什么?意义是什么?4月15日就要在台湾出版我的一本书,叫做《四十自述》。在我四十岁的时候,为了一般朋友的劝告,写了六章自传,后来又加写了一章,是讲我提倡白话文的事，也就是人家所称的文学革命。各位可以看看，在最后一章的附录，就是写我们一般朋友提倡文学革命的历史。送给一女中的一本里面的错字都是我自己改的。

那时在美国大学里，我们中国的留学生不多，年纪虽都不大，思想却比较成熟，都是受过传统的古文教育的。对于古代文字的训练也都有些基础，会作古文、古诗，并且常常讨论。今天诸位也常能听见许多人说，研究历史一定要有一元论的历史观，共产党是认为由于生产而固定一切的历史事实；于信神的就说历史的最后解释是神。无论以那一种因素来解释历史；或说上帝可以解释一切；或说经济生产的方法可以解释一切，这些都叫做一元的历史观。我们不赞成这种一元论的历史观，我觉得许多历史的事实是偶然的。譬如我们提倡白话文学就是很偶然的事，各位看了我的《四十自述》，就可以知道提倡白话文是很偶然的事了。

我的母校康奈尔大学的校园里有一个凯约嘉湖，附近有山有瀑布，风景优美。在1915年的夏天，来了几个暑期学校的男女同学，那里的中国女学生很少，所以男学生就忙着租船，请了两个女同学游湖。忽然起了大风，他们就赶快靠岸，船刚靠岸，风雨来了，大家又抢着上来，把船弄翻了，虽然没有出什么危险，却弄湿了一位女同学的衣服。他们就在岸上用了野餐,其中有一位同学却写了一首诗叫"凯约嘉湖上覆舟记实"。那时候我已离开康奈尔大学到哥伦比亚大学去了,所以他把那首诗寄给我看。他作的是四个字一句的古诗,我看完之后就写信给他批评这首诗不好。因为将二千年前的死字和二千年后的活字用在一起,文字不一致,诗的文字是应该一致的。我那个朋友就提出抗议,这些事都是偶然的。来了女学生是一个偶然,租船游湖又是一个偶然,遇着风雨,弄湿衣服,也都是偶然。那个朋友作诗以及我批评他,都是偶然又偶然的事。那时哈佛大学有位姓梅的老朋友,见到我的批评就出来打抱不平,来信骂了我一顿,我又回信驳他。因此,我要告诉各位小朋友,这种有意思的讨论比写情书有用得多。在我们讨论之间,有几个很守旧的同学和我们慢慢讨论到什么叫死的文字?诗应该用什么文字?以后范围又扩大到中国的文学将来应该用什么文字?是用二、三千年前孔子、孟子时代、司马迁时代的死的文字呢?还是用现在的活的文字?那时就在康奈尔、哥伦比亚、哈佛、华盛顿和华夏女子大学这五个大学的宿舍中讨论起来。一天一张明信片,三天一封长信,这样把我逼上梁山,逼着我去想,逼着去讨论。因此,我感觉到中国的文字必须改革。但是文学革命该走什么路呢?大家都觉得应该从内容改革起,我觉得文学是根据文字,而文字是根据语言;说话是文字的根本，文字是文学的根本，也是一切文学的工具。于是不得不去研究中国的文学史，我由研究文学史得到了许多材料，完全是根据中国历史上、文学上、文字上的传统得来的一种教训，一种历史的教训。中国每一个文学发达的时期，文学的基础都是活的文字——白话的文字。但是这个时期过去了，时代变迁了，语言就慢慢由白话变成了古文，从活的文字变成死的文字，从活的文学变成死的文学了。因为一般人的专门仿古，那个时代的文学就倒楣了，衰弱了。又一个新的时代起来，老百姓又提出一个新的材料、新的方式、新的工具；这样，文学就起了一个新的革命。二千五百年的中国文学史可以说有两个潮流：一个是读书人的士大夫文学潮流，一个是老百姓的平民文学潮流。中国文学史上总是有上下两层潮流，上层的潮流是古文，是作模仿的文学，下层的潮流随时由老百姓提出他的活的语言，作活的文学，譬如三百篇的《诗经》里，有一百篇都是民间的歌谣，我们可以断定它是活的语言，它把仇恨、情爱和吵架时的情感都表达出来。这种文学决不是要等学会了一种死的语言再来作的。又譬如婴儿在睡觉的时候哭闹，母亲往往顺口哼出儿歌来催他睡觉，这儿歌是不是要等他学了二十年的古文再来唱呢？从前男女恋爱也往往是男的唱一首情歌，女的就回唱一首情歌，这情歌是不是也要等他们上十年的古文再来唱呢？还是就唱他所能唱的歌呢？当然是用活的语言来唱。又像在有些都市或乡村里有谈笑话和讲故事的人，他们为了要使人家听得懂，就非讲白话不可，他们没有法子等学了古文再来讲。所以每个时代都有老百姓在用活的语言创造他们的文学，创造他们的儿歌、情歌、山歌、故事……。这是由中国二千五百年的文学史上得来的教训，往往下层的文学力量大，影响到上层的文学。读书的人家都是守旧的，不准小孩子看小说，唱土话的歌，但是当家里的佣人抱着他时就会讲一个故事给他听，而他就会觉得故事很好听，甚至比先生讲的书要好懂多了。今天在座的同学当然不会知道我们小时候的情形，那时我们看小说都要偷偷地看，这在全世界都是一样的。所有用活的文学的国家都曾经经过这么一个时代。以欧洲来讲，欧洲的文艺复兴就是把古文废了。欧洲的古文有两种，最古的是希腊文，其次是拉丁文。那时候罗马帝国规模很大，中古和近古早期的欧洲，所有读书人都是用拉丁文著述、通信。后来，意大利有一个大文学家最先用他本国的白话写诗、写散文、写小说、写戏剧……。只有他有勇气替意大利创造了新的文字、活的语言。另外有个意大利人因为偷看了用意大利白话文写的诗，被他父亲知道了就把他关在一间房子里，只给他开水和黑面包不准他喝牛奶，只因他胆敢偷看用意大利白话文写的诗，所以该罚！该罚！

我记得很清楚，当我七八岁的时候念的是乡学，先生是我的叔叔，他一共只有两个学生，有一天，先生被人家邀去打纸牌，学生可以自由活动，我那个同学向来是赖学的，就跑出去玩了，我素来不赖学，就趁空替先生理东西，忽然看见字纸篓里有一本破书，我捡起来一看，是一本破的《水浒传》，我不知道诸位有没有看过这本书，《水浒传》确是一本好书，当时我没有看过这本书，就拿着这本破《水浒传》一直站着看完，那本破书到"李逵打死殷天赐"以下就没有了。我看完以后就跑出去找另外一个不高明不学好的叔叔，我知道他会讲故事，我问他："你有这个书吗？你替我找一本全部的好不好？"于是他替我借了全部的《水浒传》，我一个晚上就看完了。

下层文学总是慢慢上来影响上层的文学。那时候先生不许我们看下层文学的书，偏偏我偶然的在字纸篓里看见了这本破书，站着看完也是偶然的事，平民文学慢慢地影响到上层社会，于是就有许多人偷偷的看，有时候看到不满意的地方就改，现在的许多伟大小说都不知道是谁著的，《水浒传》有人说是施耐庵著的，但我考据了多少年，还不知道是谁著的。因为这些小说都是经过许多头等的小说家看过之后，认为故事不好，就你改一段，他改一段，又不肯用真姓名，只有用假名，中国二千五百年来文学演变的历史，给我一个教训：就是无论那个时代，都有老百姓用活的语言来写他的小说，这是一种自然的发展，自然的趋势。这些新文学慢慢上来影响到守旧的死党，他们作诗填词不全用白话，但是好的诗总是白话，好的词也是白话。也有用古文写的小说，但是，到今天还是一年销几千万本的小说，如《水浒传》这些书都是用白话文写的。

我们再看，许多古文在当时都是白话，譬如我刚才说的《诗经》是白话，没有问题。其他如《论语》《孟子》也是白话，何以知道是白话呢！他用的代名词、虚字都不同，这是因为当初的文字不够，不过到了写《诗经》的时代，才把虚字都写下来。所以你们若是读过《诗经》，或是课本里选过《诗经》的诗，就会觉得白话的味儿很重。孔子、孟子是用当时山东西部的语言，《左传》这部书的文字就是代表当时几个地方的方言。所以我们现在所谓的古文，在当时都是白话，不过这个白话已经隔了两三千年，时代旧了，白话就变成了古文：活的语言变成了古的语言，活的文学变成了古的文学。本来每个时代都应该由活的语言创造那个时代的活的文学，后来因为时间久了，古文的权威大，力量大，大家不知道抗拒，古时候中国这么大的一个国家，全国的考试制度都是用一种文字，一种形式的作文来做考试的文字，因为有这种统一的考试制度，结果就格外使古文的威势增大，在当时感觉到中国这么大，不能靠活的方言去发展，如果靠各地的方言去发展，就台湾有台湾的方言，福建有福建的方言，广东有广东的方言，浙江有浙江的方言，安徽有安徽的方言，这样一来就不统一了，所以当初认为古文是政治上和教育上的统一工具。因此，大家感觉到古代的文化的统一，政治的统一，教育的统一都是靠统一的古文，所以古文不能废。这是当初许多人反对白话文的理由。就是到现在还有一般老先生，舍不得把古文丢掉，考试院前年表示考试的作文不用白话文，都要用古文，这都是错误的意见，以为多少年来都是靠统一的文言文来维持政治上、教育上和文化上的统一，所以古文不能丢掉，殊不知道几千年来，已经由我们的老祖宗替我们准备了一个新的教育的统一工具，文字的统一工具，语言和文字的统一工具。这就是我们现在所谓的国语，当初所谓的官话。

使用官话的区域一天天扩大，我们"自由中国"台湾的语言，大部分是闽南话，一小部分是广东客家话，都是代表我国东南方的方言，所以我们感觉方言很难懂，我们若是从中国的地图上来看，就可以知道方言这个东西其实是很少很少的，只限于极少的区域，北边从上海起，南边到海南岛，台湾这东南角上的区域有所谓方言之外，大陆的百分之九十地区——包括东北各省及内蒙古——都属于官话区域，在地图上从最东北的哈尔滨画一条线到极西南的云南昆明，这一条线有四千英里长，但在这一条直线区域的任何地方的人都是用官话，不是用土话，我们一听他说话就知道是安徽人、山东人、河南人、山西人、天津人或是北平人，我们安徽人说："我们的话是天下最普'腾'（通）的话。"他虽然把音念得不对，但是我一听还是可以知道，所以大体上说来，我们的老祖宗在这几千年当中，已经把官话从哈尔滨一直推广到昆明，西南的四川话、云南话、贵州话、桂林话、河南话、安徽话、湖北话都是最普通的官话，湖南还有一部分是方言。所谓方言的区域在地图上共占百分之十，从上海附近的崇明岛算起，到南边的海南岛为止，这一个区域的话叫作方言，其中有江苏的吴语、福建话、厦门话、潮州话、广东话、客家话，不过，这一个地区的人口比较稀一点，拿人口讲，有百分之七十五的人讲官话，在地理上讲，是百分之九十。我们人口的百分之七十五就是三亿二千多万人。全世界很少有这么大的区域的人讲相同的语言。所以我们的老祖宗已经为我们准备了好的语言，在几年当中，官话经过大家的提倡，政府的改革，变成了现在的国语，国语就是全中国百分之九十的区域，百分之七十五的人口所说的话。凡是一种方言能够变成国家的统一语言，必须有三个条件作基础。

第一，必须是广大民众所说的话。

第二，最好是这种语言能够产生文学，可以写定教本，印成书，几千年来，我们的老祖宗写出了无数的小说、故事、戏曲、歌谣，说到这里，我希望在座的先生和同学们，从同学家庭里搜集民歌，从前不仅各大学搜集民歌，其他的机关也搜集不少民歌，民歌是很有价值的白话的民间文学，我们老祖宗写下的故事流传到今天还有销几千万本的，像《水浒传》就是一个例子。我们的语言不但是有三亿几千万人讲，而且在一千多年当中产生了许多文学作品，至少有一打第一等的小说可以媲美世界名著，如果没有这个基础就很困难，比方现在我们讲的"我们""你们"很简单，可是当初没有标准化，古文书里面有写成"我懑"的，甚至于民国初年的小学课本里还有写成"我美"的，后来大家才知道用一个"们"字，改写成"我们""你们"。这是因为我们有了《水浒传》《儒林外史》这些伟大的小说给我们作成文印成书的准备，现在的"我们""你们""他们"的"们"字才标准化，所以第一第二两个基础我们都有了。

第三，我们讲的话是世界上最简单、最规则、最容易学的一种语言，诸位学外国文字的时候才知道学欧洲文字的麻烦，比如说这是一个杯子，还要想想是男的还是女的，说一枝花还要想想是阳性还是阴性，一个表也要看是男的还是女的，文字上分性是最不方便最没有道理的。此外还有数目和时间的变化，语尾的变化，世界上变化复杂的文字都在慢慢把这些变化丢掉，现在英国的文字在西方文字当中要算最简单的，因为英国是几个民族混合起来的，把许多语尾的变化和文法上麻烦的东西都去掉了。所以世界上最容易学的语言是中国的语言，其次，比较合理的是丢掉那些欧洲语言中的复杂东西的英文。

在英文里面的 I am，You are，He is，I was，You were 这五个字都是从Verb to be的be字来的，可是你连be的鬼影子都没有看见，你问先生它到哪里去了呢？倘使你的先生要探出这五个字的来源，他要费一番工夫。所以讲到合理和容易学，第一要算中国的语言，其次才是英文。

我们的老祖宗为我们留下了有三亿二千万人讲的统一的语言，无论你是讲安徽、江苏、湖北、湖南、四川、河南、山东、陕西各地不同的话，我们都听得懂，这是了不起的一件事。又有这么多的白话文作品做我们的教材，而且这个语言又是合理的，各位学了外国语言才知道没有一种外国语言比得上我们老祖宗的语言这样不会错，这样可以无师自通的。根据活的语言来写文章是不会错的，这比用古的语言、活的语言混合起来写好得多。

有人说古文废弃了，就没有统一的工具，而我们这三四十年来所做到的，正是把已经有的白话文拿来做教育统一、文学统一、政治统一、文化统一的活的工具。现在一般守旧的人不知道他们守旧的顽固的行为和主张，往往妨碍了许多进步，而且打击我们毁坏我们三四十年来所提倡的文学革命的一点意义。学生学了文字是要拿出来用的，如果宪法、法律、报纸、政府的公文都不用白话，那么，你在学校里学了文字之后，连这些东西都看不懂，大家就都会说：先生教我的是所学非所用，我们出学校之后，想找一个小书记做都不行。所以现在许多守旧的人，不知道他们顽固的行为，毁坏了打击了我们四十年的真正改革，政府的领袖，各党各派的领袖，教育界的领袖都要自觉的认清楚，现在的国语是我们文化统一的工具，教育统一的工具，政治统一的工具，不能阻碍它的发展，要一致的帮助它，说的、写的、学的、用的、宪法、法律一切都是白话。然后，我们活的白话才可以有用处，才可以发生我们四十年前所期望的效果。

（本文为1954年3月15日胡适在台北省立女子第一中学的演讲，原载1954年3月16日台北《"中央"日报》、《公论报》、《中华日报》）

谈《红楼梦》作者的背景

各位先生：

我是曾经在四十年前，研究《红楼梦》的两个问题：一个是《红楼梦》的作者的问题；一个是《红楼梦》的版本的问题。因为我们欣赏这样有名的小说，我们应该懂得这作者是谁。《红楼梦》写的是很富贵，很繁华的一个家庭。很多人都不相信，《红楼梦》写的是真的事情，经过我的一点考据，我证明贾宝玉，恐怕就是作者自己，带一点自传性质的一个小说，恐怕他写的那个家庭，就是所谓贾家，家庭就是曹雪芹的家，所以我们作了一点研究，才晓得我这话大概不是完全错的，曹雪芹的父亲；曹雪芹的一个伯父；曹雪芹的祖父；曹雪芹的曾祖父，三代四个人，都作过那个时候最阔的一个官，叫作江宁织造，江宁织造就是替政府，就是替皇宫里面织造绸缎的。凡是那个时候皇帝，那个时候宫廷里边用的绸缎，都是归织造，那个时候有江宁一个织造，苏州一个织造，杭州一个织造。这几个织造，可以说是很大的，可以说等于我们现在最大的绸缎纺织厂。同时他有余下来的，宫里不用的，还有皇帝赏赐百官的，之外，他还可以作国外通商。所以，这三个织造是当时最阔的官，《红楼梦》里贾家有一个世职，那个世职实在在我们的考究起来，就是曹雪芹的曾祖父；曹雪芹的祖父；曹雪芹的伯父同曹雪芹的父亲，三代四个人相继作了五十多年的江宁织造，就是所谓"世职"。很有趣的，就是《红楼梦》里有一段话讲到从前有一个李嬷嬷讲的"从前太祖高皇帝南巡，到南方去巡河工的时候，我们家里曾经招待过皇帝，接驾一次，那一边说，我们招待过四次"。那么，这一个人家，能够招待过皇帝四次，这是倾家荡产的事。这个曹家，我们研究起来，的的确确，曾经在康熙皇帝的时候下江南，康熙皇帝下江南六次，其中有四次就是在曹家住，就是住在江宁织造府里边，所以的的确确作过皇帝的主人，招待过四次。这是最阔的一件事。所以，曹雪芹忍不住要把他的家里最阔的一件事，特别表出来。

  我今天举这个证据，就是要我们知道，曹雪芹所写的极富贵，极繁华的这个贾家，宁国府，荣国府，在极盛的时代的富贵繁华并不完全是假的。曹家的家庭实在是经过富贵繁华的家庭。懂得这一层，才晓得他里面所写的人物。曹雪芹在这一回里面所讲的，我不写旁的事，我不写朝廷大事，我要写我一生认得的这些人，这几个人，尤其我认得的这几个女人，这几个女孩子。懂得曹家这个背景，就可以晓得这部小说，是个写实的小说，他写的人物，他写王凤姐，这个王凤姐一定是真的，他要是没有这样的观察，王凤姐是个了不得的一个女人，他一定写不出来王凤姐。比如他写薛宝钗，写林黛玉，他写的秦可卿，一定是他的的确确是认识的，所以懂得这一点，才晓得他这部小说，是一个自传，至少带着性质的一个小说。他写的人物是他真正认识的人物，那么，如果这个小说有文学的价值，单是这一点，刚才我讲的这一段曹家的历史，也许帮助我们的广大的听众，帮助他们了解，《红楼梦》这个小说的历史考据也许有点用处。

（本文为1959年12月30日胡适在台北中国广播公司的录音稿，收入《胡适演讲集》上册，1970年台北胡适纪念馆编辑、出版）

《水经注》考

几年来我在审一个案子——《水经注》。上次在监察院茶会席上,引了台大教授毛子水先生常常引用的明朝大哲学家又是一位好官吕坤的一句话"为人辩冤白谤是第一天理"。《水经注考》付印的时候,一定把这一句话摆在前面,我审这个案子实在是打抱不平。替我同乡戴震(东原)申冤。这个案子,牵涉到全祖望、赵一清两个人。全祖望年纪最长,死得最早,1755年死的。赵一清是1764年死的。戴东原在他们三个人当中死得最晚,1777年死的。他们三个人都是十八世纪第一流学者,都弄《水经注》。三个人出了四部书。戴东原两部:一部是殿版,一部是自己刻的。三个人的书,刊出的时间不同。戴的两部,是1775年刊出来的。赵的书,是1786年刊出来的。全的书,在他死的时候,还没有弄好,死后稿子散失了。百年以后1888年,在我出生前三年,由他的宁波同乡，把他残缺的稿子硬凑成一本书刊出来。他们三个人的书，戴的出得最早，全祖望死得最早，而书出得最晚。三个人的书，对于《水经注》，都有很大的贡献。

他们三个人中间，全、戴两个人，有绝顶的天才，和我的老朋友傅斯年先生一样，理解力最强，记忆力也最强。赵一清没有全、戴两个人的天才，但他是一个很用功的人。他家里又是几代书香，是浙东几个大藏书家之一。年轻的时候，看了许多的书，中年又受了很好的教育，在乾隆九年看到从前的人没有看到过的明朝正德皇帝时代柳佥（大中）所藏的《水经注》，赵一清从马家（扬州人）把这本书借来校勘，校勘后，亲手写了一部。《水经注》本文是三十四万五千多字，加上注解同校勘说明，总在四十万字以上。赵一清写的一部，从头到尾，一字不错，一字不苟且。写成了，在北上的时候，送请他平生最佩服的全祖望先生看。这个时候，赵一清才三十几岁。过了几年不满意，又重新加了许多材料。

乾隆十五年全祖望在杭州养病，把赵一清写的本子拿来仔细的看，以他最高的天才来看赵一清花了几年工夫校勘的本子，发现许多的问题，就在原本上加了许多批。《水经注》是五世纪末六世纪初年的书，经过一千多年流传下来，不知道有多少错误残缺，其中最大的错误，是"经"同"注"混起来了。这是由于抄写的人不知道那一部分是"经"，那一部分是"注",所以弄混了。

中国有一百二十三条大水道。以最大的水作纲领,从北方说起,最大的水是黄河,下为济水,再下淮水,再下长江。这四条水道,是最大的。此外渭水、洛水、沔水,也是很大的水道。沔水下面一段叫汉水,到汉口入长江。河、济、淮、江、渭、洛、沔,都是很长的水道。经、注混在一块的如果只是一条,还没有什么关系,可是错了五百多条。就是有五百多条的注在经里面,变成了经。弄到讲不通,看不懂。这个错误,古人从内容看出了一点,因为从历史的材料,尤其是地名的变迁,可以看出来,譬如北海是北魏时代的地名,决不会跑到三国时代里面去,古人在这个地方发生了疑惑,疑惑经、注混合。乾隆十五年,全祖望校勘赵一清的抄本,看出这个漏洞,大胆的指出经、注可以重新划分。赵一清看到了从前的人没有看到过的柳大中抄本,把许多的困难补救了,全祖望根据赵一清的写本来校勘,又发现经、注混在一块的问题,每查明一条,就写信告诉赵一清及杭州湖州的朋友。但是改来改去,改了五年,还是没有改完全,不过找出了一条路。赵一清在离杭州三千多里路的北京,接到全祖望告诉他经、注有一个标准可以划分的信,赵一清很高兴。说他根据这个标准,在一个晚上,把全部改好了。这是一个神话。因为全祖望把赵一清的写本校勘了五次,经过五年,到乾隆二十年死的时候，还在改。赵一清在全祖望死后，继续改了九年，到乾隆二十九年死了，也是临死之前还在改。

全祖望五十一岁死的。他很穷。病的时候，没有钱买药，死了也没有钱买棺材，埋葬也没有钱。他死在大热天，不能久搁，家里的人遂把他所有的书卖给一个有钱的同乡，换得了几百两银子来买棺材并作埋葬的费用。在这个纷乱的时候，把他"五校赵一清"写的这个宝贝的本子混在其他的书里卖出去了。买书的同乡姓卢，他藏书的楼，称为"卢氏抱经楼"。卢氏是抱经不读的，只是有钱买书。因为自己不懂，买了不看，也不给人家看，摆在家里，一摆摆了百多年。最近才在天津发现。这个书从卖到卢家以后，任何人没有看过。到了我的手里，才一字一字的细细的校勘了一遍，因为这个本子是赵一清写的，全祖望校勘的，所以我称为"全璧归赵"。全祖望这一段故事如此。

赵一清在全祖望死了以后，继续不断的校勘，作了九年，到乾隆二十九年死了。他校勘的本子，在他死以前也没有刊出来，从前作书，没有版权保障，作书的人，都是秘密的作，只有少数几个好的朋友知道。赵一清的《水经注》，有几个本子。乾隆三十八年开四库全书馆，分两部分整理，一部分整理《永乐大典》遗书。一部分整理各省进来的遗书。当下令各省进送遗书以后，浙江省就把赵一清的《水经注》进上去了，同时在《永乐大典》中发现了一部《水经注》。《水经注》是北魏时代流传下来的，经过南北朝末期、隋朝、唐朝、五代，到了北宋才有刻本。北宋刻本，已经残缺，有许多错误。因为经过一千多年的流传，而真正宋本流传到元朝明朝的，也不容易找到。《永乐大典》中的《水经注》与柳大中抄本是从前的人没有看到过的。

《水经注》的案子是怎样发生的呢？明朝有三个大刻本，明朝嘉靖十三年（1534年）黄省曾刻了一部《水经注》，这个本子这次在台中博物馆看到了四部，这个刻本，美国只有一部，这是第一个大刻本。过了一些时候，1585年吴琯刻了一部，为第二个大刻本。再过一些时候，1615年朱谋㙔又刻了一部。四百多年的麻烦，就是这些刻本发生出来的。因为黄省曾没有看到《永乐大典》中的《水经注》，也没有看到柳大中抄本，而是把残缺的凑合起来，没有得到好的本子校勘。吴琯校勘，只有小小的修改。而且往往改错了。到了朱谋㙔，看到一个姓谢的本子，拿来校勘，改正了不少。黄省曾刻本，大错十处，小错几千。

讲到《水经注》，是一个校勘学。校勘学有一个原则，就是用古本来校，要想法子找古本，最好是原本。如果找不到原本，要找最古的抄本刻本。没有古本，只好理校，以理想来推校，无论怎样聪明的人，没有法子校出大的错误。如果缺一句话，或者错一个字，掉一个字，聪明的人拿古书来比较，也许可以校得出来。但是大的错误，理校没有法子校出来的。黄省曾的刻本，是整页的错误，头一卷二篇，掉了一个整页，四百十八字，第九卷有两页跑到第十三卷去了，第十三卷有两页跑到第九卷。这样的错误，有十处。朱谋㙔以姓谢的抄本来修改。把十大错误，补正了六处。所以朱谋㙔的《水经注》，是划时代的，因为他看到前人没有看到的本子。但是还有四个大错误，百多年来没有法子补正。迨赵一清看到柳大中抄本，补了三处半，柳大中本与《永乐大典》里面《水经注》不同之点，也就在这个地方。黄省曾刻本十大错误中，第十七卷掉了一个整页，四百十八字，柳大中本补起来了。同卷后面又掉了半页，也补起来了。第二十二卷中两个错误，也补起来了。但《水经注》里面，郦道元的一篇自序，四百七十三字，柳大中本只补了二百五十四字，还缺了二百十九字，所以说，补了三处半。如考分数，以黄省曾十个大错误作一百分。朱谋㙔补了六处，考了六十分。赵一清继续补了三处半，考了九十六分。乾隆三十八年《永乐大典》中发现的《水经注》，是外面没有看到过的，是完整的，《永乐大典》的《水经注》发现以后，派一个不相干的翰林抄，这个人的姓名不知道，大概是一个饭桶，不懂得《水经注》，匆匆的献给皇帝，皇帝看到非常高兴，在上面提了一首诗，四库全书馆，都是翰林，戴东原是一个举人，没有资格到四库全书馆，可是因为翰林不够用，主编的大总裁奏请皇帝调了五个不够资格的人——三个进士、两个举人——来协助。其中的一个举人，就是戴东原。举人当然不敢同翰林拼，他到馆，奉派两个大差事：一个整理《五经》中的《仪礼》，这个差事，已经够他忙几年了。还有一个大差事，整理古代算学。

四库全书馆，分东西两院，东院三十个翰林，西院也是三十个翰林。两院整理各省进来的遗书。《永乐大典》，是东院整理的。东西两院互相妒忌，东院不知道西院干些什么事，西院也不知道东院干些什么事。这种妒忌情形，可以找出许多证据，赵一清的书由浙江进到西院，戴东原无从看到，至于《永乐大典》中的《水经注》，戴东原也没有看到。因为戴东原听到说，《永乐大典》中发现《水经注》，皇帝提了一首诗，他是弄《水经注》已有很多年了的，得到这个消息非常高兴，就向总编纂纪晓岚说："可不可以把这个宝贝给我看看"，这时戴东原到馆已经两年，总编纂从工作中认识他很高明，就答应说："可以。"并说，你如有经验，就请你整理吧？可是这个书已经派了一位翰林整理，皇帝对这个发现很高兴，整理的人，也许可以得奖，现在换一个人整理，发生困难，这件事件，从大总裁宇文表公与总编纂五十六封信当中,可以看出来,这五十六封信中有两封信专门讨论《水经注》由翰林手中拿出来给戴东原的问题。大致说:由翰林手里转给举人不行。因为这个原因,所以戴东原自己整理,以后又自己花钱去刊印,《四库全书》里的《水经注》,始终不承认是他弄的。

黄省曾刻本十个大错误,朱谋㙔改正了六个,得六十分;一清改正三个半,得九十六分,戴东原得一百分。赵一清的《水经注》由西院翰林整理,戴东原在东院,当然没有看到,戴东原死了好几年后,皇帝查出经、史、子、集里面有犯禁的书,把这些书抽出以后,有两库空了。要补一部书进去,赵一清同沈炳巽的两部《水经注》,遂补进去了,所以《四库全书》里面有三部《水经注》,从这个事实,可以看出全、赵、戴三个人的《水经注》,赵抄全的,都是得到全的同意,戴东原没有看到赵的书,更没有看到全的书。这有什么方法证明呢?刚才说过黄省曾的刻本,有十大错误。凡是弄《水经注》的人,没有不注意这十大错误的,但是不能靠聪明来校勘,必须以古本来校勘。戴东原有两个本子,一个自定《水经注》一卷。这是把一百二十三条水的经提出来写成的,这在他的年谱里面写得清清楚楚。这也是戴东原也看出经、注混在一起,把他改正过来的,这个改正,不是全祖望的关系,也不是赵一清的关系,而是学者一步一步找出来的,譬如河水到什么地方,再到什么地方,说得很清楚。还有渭水一篇文章,济水一篇文章,以及所有一百二十三条水的经,作成一百二十三篇文章,把他作成一卷。

我为了这个问题,在外国把所有的材料都翻了,但找到的材料很少,三十五年回国,想在国内大登广告找材料,所以船到中国,还没有进口,新闻记者乘海关汽艇到了船上问我:"胡先生有什么话说。"我就告诉他,"这几年干《水经注》这个案子"。我说这个话的目的,是请他们代我登广告。不错,第二天各报都把我的话登出来了,大家便知道胡适之弄《水经注》。所以一到上海,一个朋友把他看到的《水经注》告诉我,那个朋友也把他收藏的《水经注》给我看,问我:"你看到这个本子没有?"很短的时间,全上海所藏的《水经注》,我都看到了。到了北平,也是这样。于是各地的《水经注》都跑到我这里来了。在北平看到一个姓孔(继涵)的朋友,把他所藏的也就是刚才提到的戴东原自定《水经注》一卷〔给我看〕;过了一些时候,安徽周一良问我说:"家父藏书里面有戴东原《水经注》一个本子,"并全给我看。这两个本子,一个是乾隆三十年出的,一个是乾隆三十七年出的。乾隆三十年的本子,没有看到《永乐大典》中的《水经注》。三十七年的本子,也没有看到。为什么知道他没有看到呢?黄省曾刻本十大错误,朱谋㙔改正了六处，赵一清又改正了三处半。头一卷掉了一个整页四百十八字，柳大中本补正了，《永乐大典》中《水经注》也补正了，如果看到赵一清的本子，《永乐大典》的本子，可以照抄下来，没有照抄可以断定没有看见。他自定《水经注》一卷里面，有一部分是他的序。有一部分叫做附考，他把每一条水发生的问题，都校勘了，缺少多少与补的东西，都记在附考里面。第十七卷渭水缺了一个整页，四百十八字，他想法子补了一百六十三字。没有书，没有本子，到处去看，逗来逗去，补了一百六十三字，非常高兴，把经过写在附考里面，这就可以证明他决没有看到赵一清的东西，全祖望的东西，也没有看到柳大中本，《永乐大典》本，这是一个证明。

第二，《颍水》篇，朱谋㙔说他看到宋本改的，他根本没有看到过宋本，是假宋本改的，改错了；戴东原改朱谋㙔的，也改错了。

第三，《济水》篇掉了一页，朱谋㙔没有看见，戴东原乾隆三十年的本子没有看出来，乾隆三十九年的本子也没有看出来。全祖望看见了，赵一清看见了。这三个证据，证明戴东原没有偷人家的书，是无可疑的了。

这个案子还有许多问题，大家说是戴东原偷书，我找材料，发现戴东原两个本子；这两个本子可以互相参证。这两个本子有三个大缺陷，以这三个缺陷，可以证明戴东原没有偷全、赵两个人的书，主题可以解决了。但是还有附带的问题。

第一，赵一清死在戴东原以前，不会偷戴东原的书，但是他的书是在戴东原的书出来以后十年出的，是他的儿子作河南归德知府，旋作淮扬道的时候，请学者刻的。替赵一清刻书的人，确用了戴东原的书来改。这是本案的第二个大问题，第二个大问题，不是戴偷赵的书，而是赵的家人偷戴的书，这有什么证明呢？戴东原的学生段玉裁写信给赵家刻书的梁玉绳，说梁把他老师的书去改赵的书。所不幸的没有看到回信，更不幸的，是这一封信留在段的集子里，但是相信段玉裁收到回信的。从什么地方证明呢？因为段玉裁后来完全修正了他的话。他在晚年（八十岁的时候）替他老师戴东原作年谱，不说赵一清家里的人偷他老师的书，只说：杭州赵一清也是作这种学问——《水经注》，作了多少年，到后来不谋而合，得到同一的结论。段玉裁为什么这样修改过去的话呢？一定得到梁玉绳的回信，把赵一清著书的经过告诉了他，所以段玉裁才说"闭门造车，出而合辙"。段玉裁给梁玉绳的信，段玉裁死后，他的学生们、同乡们把它收在集子里面，惹起了许多的问题。因此认为我们所作的东西，决不可以让后人来编辑，甚至遗嘱不准后人编集子，最好自己编好。段玉裁这一封信惹起后人的反感，反过来控诉他的老师，说他的老师偷书。

第二，在六十几年前，1888年，全祖望的宁波同乡刻全祖望的《七校水经注》，刻的人把赵一清的书，戴东原的书拿来校勘，简单的说，其中有恶意作伪的部门。我审这个案子，作了几年苦工，证明全祖望的书有一部分真是全祖望的材料，可是决没有看到全祖望的五校本。五校本中许多宝贝，所谓的"七校本"都没有的，又可以证明戴没有偷全的书。全的书是根据赵的，这是第三个问题。现在可以宣告判决，1888年全祖望《七校水经注》，有恶意作伪的痕迹，恶意冤枉戴的痕迹。

前次讲治学方法，最后说明，最要紧的要养成某种良好习惯，就是要勤，要谨，要和，要缓。比方考证赵一清的书，在赵家刻本的时候，究竟有没有改动，赵一清的书，是被收在《四库全书》以后的本子，一百五十年前，湖南魏源作了一本书说他看到了扬州《四库全书》、镇江《四库全书》，看到里面如何如何，并说戴东原偷赵一清的书，现在有许多东西证明魏源没有看见扬州《四库全书》、镇江《四库全书》。江苏孟森也说赵一清的本子不错的，说他拿《四库全书》里面赵一清的本子对了五条，一字没有改易。《水经注》三十四万五千字，加上注解与校勘说明四十多万字。只查了五条，就下判断，太随便了。我们看《水经注》第二卷一条"河水由南入葱岭山"。赵一清的本子下面没有了，就是河水入昆仑山，不出来了，戴东原的本子是，"河水由南入葱岭山，又从葱岭出而西南流"。赵家刻书，不好用戴东原"又从葱岭出而西南流"九个字，于是把入字改为出字，变为："河水由南出葱岭山"，校勘不说明，这是恶意作伪的证明。这个案子审了多少年没有审出来，为什么到了我的手里可以审出来呢？因为当初审的人，不肯花多的工夫，我花了五年工夫，找出许多新材料，所以审出来了。同时又查明张穆，魏源，孟森，王国维他们为什么骂十八世纪一位了不得的大哲学家，大思想家戴东原是贼呢？因为戴东原是当时思想的一个叛徒，批评宋朝理学，批评程子，朱子。骂戴东原这一班人，又没有下多的工夫，做到勤，又不仔细的校勘，做到谨，同时动了正谊的火气，没有做到和，稍为查了一下，就发表文章，也没有做到缓。我考证了五年，现在九年了，还不敢发表，此次纪念傅斯年先生，才第一次发表一小部分。我审这个案子一方面作法官，一方面作侦探，并作律师，我作这个工夫，的确很有兴趣。我认为五年的工夫，没有白费，今天以时间太短，不能把经过详细的告诉大家，只有把结论，作一个大概的说明。

（本文为1952年12月19日胡适在台湾大学文学院的演讲，收入《胡适言论集》甲编）

研究国故的方法

研究国故,在现时确有这种需要。但是一般青年,对于中国本来的文化和学术,都缺乏研究的兴趣。讲到研究国故的人,真是很少。这原也怪不得他们,实有以下二种原因:(一)古今比较起来,旧有的东西就很易现出破绽。在中国,科学一方面,当然是不足道的;就是道德和宗教,也都觉浅薄得很。这样当然不能引起青年们底研究兴趣了。(二)中国的国故书籍,实在太没有系统了。历史书一本有系统的也找不到;哲学也是如此。就是文学一方面,《诗经》总算是世界文学上的宝贝。但假使我们去研究《诗经》,竟没有一本书能供给我们做研究的资料的。原来中国底书籍,都是为学者而设,非为普通人一般人底研究而做的。所以青年们要研究,也就无从研究起。我很望诸君对于国故,有些研究的兴趣,来下一番真实的工夫,使彼成为有系统的。对于国故，亟应起来整理，方能使人有研究的兴趣，并能使有研究兴趣的人容易去研究。

"国故"底名词，比"国粹"好得多。自从章太炎著了一本《国故论衡》之后，这"国故"底名词于是成立。如果讲是"国粹"，就有人讲是"国渣"。"国故"（National Past）这个名词是中立的。我们要明了现社会底情况，就得去研究国故。古人讲，知道过去才能知道现在。国故专讲国家过去的文化，要研究它，就不得不注意以下四种方法：

一、历史的观念　现在一般青年，所以对于国故没有研究兴趣的缘故，就是没有历史的观念。我们看旧书，可当彼做历史看。清乾隆时，有个叫章学诚的，著了一本《文史通义》。上边说："六经皆史也。"我现在进一步来说："一切旧书——古书——都是史也"。本了历史的观念，就不由然而然的生出兴趣了。如道家炼丹修命，确是很荒谬的，不值识者一笑。但本了历史的观念，看看他究竟荒谬到了什么田地，亦是很有趣的。把旧书当做历史看，知彼好到什么地步，或是坏到什么地步，这是研究国故方法底起点，是"开宗明义"第一章。

二、疑古的态度　疑古的态度，简要言之，就是"宁可疑而错，不可信而错"十个字。譬如《书经》，有《今文尚书》和《古文尚书》之别。有人说，《古文尚书》是假的，《今文尚书》有一部分是真的，余外一部分，到了清时，才有人把它证明是假的。但是现在学校里边，并没把假的删去，仍旧读它全书，这是我们应该怀疑的。至于《诗经》，本有三千篇，被孔子删剩十分之一，只得了三百篇。《关雎》这一首诗，孔子把它列在第一首，这首诗是很好的。内容是一很好的女子，有一男子要伊做妻子，但这事不易办到，于是男子"寤寐求之"，连睡在床上都要想伊，更要"悠哉悠哉辗转反侧"呢！这能表现一种很好的爱情，是一首爱情的相思诗。后人误会，生了许多误解，竟牵到旁的问题上去。所以疑古的态度有两方面好讲：一、疑古书的真伪；二、疑真书被那山东老学究弄伪的地方。我们疑古底目的，是在得其"真"，就是疑错了，亦没有什么要紧。我们知道，哪一个科学家是没有错误的。假使信而错，那就上当不浅了！自己固然一味迷信，情愿做古人底奴隶，但是还要引旁人亦入于迷途呢！我们一方面研究，一方面就要怀疑，庶能不上老当呢！

如中国底历史，从盘古氏一直相传下来，年代都是有"表"（table）的，"像煞有介事"，看来很是可信。但是我们要怀疑，这怎样来的呢？根据什么呢？我们总要"打破砂锅问到底"，究其来源怎样，要知道这年月的计算，有的是从伪书来的，大部分还是宋朝一个算命先生，用算盘打出来的呢。这哪能信呢！我们是不得不去打破彼的。

在东周以前的历史，是没有一字可以信的。以后呢？大部分也是不可靠的。如《禹贡》这一章书，一般学者都承认是可靠的。据我用历史的眼光看来，也是不可靠的，我敢断定它是伪的。在夏禹时，中国难道竟有这般大的土地么？四部书里边的经、史、子三种，大多是不可靠的。我们总要有疑古的态度才好！

三、系统的研究　古时的书籍，没有一部书是"著"的。中国底书籍虽多，但有系统的著作，竟找不到十部。我们研究无论什么书籍，都宜要寻出它底脉络，研究它的系统。所以我们无论研究什么东西，就须从历史方面着手。要研究文学和哲学，就得先研究文学史和哲学史。政治亦然。研究社会制度，亦宜先研究其制度沿革史，寻出因果的关系，前后的关键，要从没有系统的文学、哲学、政治等等里边，去寻出系统来。

有人说，中国几千年来没有进步，这话荒谬得很，足妨害我们研究的兴趣。更有一外国人，著了一部世界史，说中国自从唐代以后，就没有进步了，这也不对。我们定要去打破这种思想的。总之，我们是要从从前没有系统的文学、哲学、政治里边，以客观的态度，去寻出系统来的。

四、整理　整理国故，能使后人研究起来，不感受痛苦。整理国故的目的，就是要使从前少数人懂得的，现在变为人人能解的。整理的条件，可分形式内容二方面讲：

(一) 形式方面：加上标点和符号，替它分开段落来。

(二) 内容方面：加上新的注解，折中旧有的注解。

并且加上新的序跋和考证，还要讲明书底历史和价值。

我们研究国故，非但为学识起见，并为诸君起见，更为诸君底兄弟姊妹起见。国故底研究，于教育上实有很大的需要。我们虽不能做创造者，我们亦当做运输人——这是我们底责任，这种人是不可少的。

（本文为1921年7月胡适在东南大学的演讲，枕薪记录，原载1921年8月4日上海《民国日报·觉悟》副刊，又载1921年8月25日《东方杂志》第18卷第16期"最录"栏）

再谈谈整理国故

鄙人前年曾在贵校的暑期学校讲演过一次整理国故,故今天的题名曰再谈谈整理国故。那时我重在破坏方面提倡疑古,今天要谈的却偏于建设方面了。我对人说:我国各种科学莫有一种比得上西洋各国,现在要办到比伦于欧美,实在不容易,但国故是我们自己的东西,总应该办来比世界各国好,这种责任,是放在贵校与北大的国学系,与有志整理国故者的肩上,盼望诸君努力!

"国故"二字为章太炎先生创出来的,比国粹,国华,……等名词要好得多,因为它没有含得有褒贬的意义。现在一般老先生们看见新文化的流行,读古书的人日少,总是叹息说:"西风东渐,国粹将沦亡矣!"但是把古书试翻开一看,错误舛伪,佶屈聱牙,所在皆是,欲责一般青年皆能读之,实属不可能,即使"国粹沦亡",亦非青年之过,乃老先生们不整理之过。故欲免"国粹沦亡"之祸，非整理国故，使一般青年能读不可！据我个人意见，整理之方式有四种：

1. 最低限度之整理——读本式的整理
2. 索引式的整理
3. 结账式的整理
4. 专史式的整理

1. 读本式的整理

这种方式，即是整理所有最著名的古书，使成为普通读本，使一般人能读能解。现在一般青年不爱读古书，确是事实，但试思何以青年不爱读古书呢？因为科学发达的原故吗？西洋文化输入的原故吗？学校里课程繁重的原故吗？我敢说都不是重要的原因，实因莫有人整理，不容易读懂的原故；我已于上文说过了，试举个例来证明：Shaksespeare的《莎氏乐府》与Milton的《失乐园》及现在的《圣经》（Bible）的原本不是很难懂的吗？何以现在英美人个个都能读呢？并不是英美人爱读古书，我国青年不爱读古书，实在因《莎氏乐府》，《失乐园》，《圣经》有很通俗最易解的译本罢了！但这种整理，要具有下列五种方法：

（1）校雠 古书中有许多本来是很易懂，往往因传写或印刻的错误，以致佶屈的，如《论语》中："君子耻其言而过其行"一句中的"而"字,很不易解,但依别本"而"字为"之"字,则明畅易懂了,故依据古本,或古书,引用的原文来校对,是整理国故中的最重要的方法。

(2)训诂　训诂即下注解,因从古至今,语言文字,经过许多变迁,故有些句子初学不易看懂,故注解亦是必需的;但注解不宜滥用,须有下列二条件,才下注解:(甲)必不可少——因为有许多书很明白,加了注解,反使读者不了然。(乙)要有根据——注解不能随个人主观的见解妄下,须根据古字典,或古注,或由上下文比较,始能得确凿的意义。

(3)标点　有许多书加上标点,它的意义,气态就完全明白了,不必加注解了!故标点亦是很重要的!

(4)分段　我国文章,多系一气写成,以致思想,意义,初学者不易看出,若一经分段,则于作者的思想,意义,极易看出,节省读者的精力不少。

(5)介绍　我们要彻底了解一部书,对于作者之历史,环境,地位,……不能不知道,故宜于每部古书之前,作以上所说种种之简单介绍与批评,于初学者补助不少。

有以上五种方法来整理古书,则读本式的整理即成功了,恐怕青年人也爱读古书了!

2. 索引式的整理

索引怎样解呢？如以绳索钱，使能提纲絜领也。西洋书籍，差不多每本都有索引（Index），检查非常便利，而我国的书没有一本有的，如问一个稍不著名的人为何时人，则非检查许多书不能览得，有时竟查不出，这是何等痛苦啊！后来汪辉祖著《姓氏韵编》，看起来很平常，然而后学者却受惠不少了！但很不完备，现在非有人出来作这工作不可，这种工作并不难，中等人材都可以干的。我很希望大家起来合作！

3. 结账式的整理

怎么叫结账式的整理呢？譬如说：以前有许多学者说《尚书》中有许多篇为东晋梅颐所上的伪书；有些人又说不是；又古今文之争，至今亦未决，又如有人说《诗经》的小序是子夏作的，有人又反对，我们应当把自古迄今各家的聚讼结合起来，作一评断，好像商家在年底结账一样，所以叫做结账式。有这种整理，初学者就不至陷入迷途了！

4. 专史式的整理

有以上三种方式之整理了，然后就各种性质类似的古书，纂集起来作为一种专史，如诗赋史，词曲史等类是也，这种整理，能使初学者不耗几多脑力，即能知国学中各门之源流及其梗概了！

以上把各种方式及方法说完了，再来谈谈实际的整理：我既主张用以上几种方式整理国故，所以我就选了《诗经》来做第一种方式的整理——即读本式的整理——及至我把《诗经》看一遍后，才知数千年来许多大经师都没有把《诗经》弄明白；我并不是说我弄明白了，但我敢大胆说，至少要比古人多明白一点；譬如《诗经·大雅·公刘》章云："于'胥'斯原"的"胥"字，以前注《诗经》者都当作"相"字解，但实在讲不通，试问"于相斯原"又怎样讲呢？但我们用比较法观之，则一望而知"胥"为一地名，因其余两章有"于京斯依""于豳斯馆"同文法的句子，注云"京"，与"豳"皆地名，则"胥"为地名无疑了！又《召南·采𬞟》章云："于以采𬞟，南涧之滨，于以采藻，于彼行潦"一章，不知注解说些什么！但我们若将原文加上标点，成为"于以采𬞟？南涧之滨；于以采藻？于彼行潦。"则为很明白的一问一答的句子了，意即一问：那里去采𬞟呢？一答：到南涧之滨去采；又问：那里去采藻呢？一答：于彼行潦去采，由上二例，可见古人实在没有把《诗经》弄明白了！这种工作，在清代已经很发达了，如王念孙父子之《经传释词》，俞樾之《古书疑义举例》……等书，都是用这种方法做成的，不过他们的方法还未十分精密，不能使人满意，如译某字为某词，——如译"焉"为语助词——究竟某词又如何解呢？他们就答不出来了！

以上所讲几种整理国故的方式，都是很容易办到的，只要中材的人，有了国学常识，都可以做，希望诸君起来合作，把难读难解的古书，一部一部的整理出来，使人人能读，虽属平庸，但实嘉惠后学不少了！

（本文为1924年1月胡适在东南大学国学研究班的演讲，叶维笔记，原载1924年2月25日《晨报副镌》）

中国近一千年是停滞不进步吗？

这篇演讲是要尝试解答一个最难解的中国之谜，就是中国停滞不进步这个谜。韦尔士先生在他的《世界史纲》里用最简明的话把这个谜写出来："中国文明在公元〔七〕世纪已经到了顶点了，唐朝就是中国文明成就最高的时代；虽然它还能慢慢地、稳健地在安南传布，又传入柬埔寨……从此以后一千年里，除了这样地域的进展之外，使中国文明值得记入这部《史纲》的不多。"

我要提出的解答就是实在不承认这个谜，绝对没有一个中国停住不动一千年之久，唐代的文明也绝不是中国文明成就最高的时代。历史家往往被唐代文化成就的灿烂迷了眼，因为那些成就与光荣的唐代以前不止四百五十年的长期纷乱和外族征服对照，当然大显得优胜。然而仔细研究整个的中国文化史，我们便容易相信七世纪的唐代文明绝不是一个顶点，而是好几个世纪的不断进步的开始。

首先，七世纪没有印刷的书籍。雕板印刷是九世纪开始的，而大规模的印书要到十世纪才有。第一批烧泥作的活字是十一世纪中发明的，用金属作的活字还要更晚，试想这些大发明使初唐的书和手抄本时代以来文明的一切方面发生了何等可惊的变化！

甚至唐代的艺术，虽然极受人赞美，也只是一个开始，而且若与宋朝和晚明的艺术作品相比只能算是不成熟的艺术。我们尽管承认唐画的一切宗教感情和精细的技巧，却不能不承认后来中国绘画的成就，尤其是那些有诗人气味的，有理想主义气味的山水画家的成就，大大超过了唐代的艺术家。

在文学方面，唐代出了一些真正伟大的诗人和几个优美的散文作家。但是没有史诗，没有戏曲，没有长篇小说，这一切都要在唐代以后很久才发展起来。最早的伟大戏曲出现是十三世纪，伟大的长篇小说是十六、十七世纪。抒情的歌、戏曲、短篇故事、长篇小说，这种种民间文学渐渐大量发展，构成近代中国文明历史最重要而有趣味的一章。

但是七世纪以后最大的进步还是在宗教和哲学的领域。

古中国的文明在基督纪元的最初七百年里遭遇两个大危险——蛮族征服北部，佛教完全支配全国。北方的蛮族是渐渐被本土人民同化了，然而佛教始终是中国最有势力的宗教。男男女女抛弃家庭去做和尚，做尼姑；在古代各种族中大概是最有理性主义倾向的民族竟变得这样狂热，所以自残自虐成了风气，着了魔的和尚有时用布浇了油，裹住自己的手指、臂膀，甚至于整个身体，然后自己用火烧，作为对佛教一位神的奉献。

但是中国人的民族心理渐渐又恢复过来了，渐渐对佛教的支配起了反抗。中国的佛教徒开始抓到这个新宗教的基本教义而丢掉那些不要紧的东西。快到七世纪末，从广州出来的一位和尚建立了禅宗的叫作"南宗"的一派，发动了佛教的大革命。近代的研究指示我们，这在根本上是一个中国的运动，凡这个运动自称"直接天竺佛教正统"的话都是很少历史根据的，或者全没有历史根据的。禅宗在十世纪、十一世纪实际上已经压倒了一切其他宗派，对于一切仪式主义，形式主义，文字主义都要反抗，告诉人得解救的途径只在我们本身之内。最要紧的事是懂得人的天然纯洁完全的真正本性。九世纪的伟大的禅宗和尚们不怕把佛像烧掉，把"十二部经"当作废纸。这个唯智主义的禅宗离大乘佛教之远，正等于乔治·福克司的宗教离中古基督教之远。历史家当然不能忽视这个长时期的"禅宗改革"（700—1100）。在这段改革里，佛教本身堕落到了最恶劣的喇嘛教种种形式，摩尼教、祆教、景教、基督教,以及别的宗教也正侵入中国,而中国人的头脑坚决摆脱印度的大宗教,铺下了宋朝的本国世间哲学复兴的路。

唐朝有一件可注意的事,就是完全没有独创的学术和现世的思考。唐朝最有名的学者如韩愈、李翱,只是平庸不足道的思想家,但是四百年的禅宗训练终于能够产生一个辉煌的哲学思考的时代。

禅宗虽然是唯智主义的,在根本上还是神秘主义的,超现世的;禅宗的中心问题还是靠知识解放使个人得救这个问题。就这方面说,禅宗对于从来不大注意个人得救问题的中国头脑还不十分相合。因此自宋朝以下新儒家哲学的复兴便是更进一步脱开中国佛教的神秘主义,把注意力重新用到人生与社会与国家的实在问题上。

哲学的第一阶段的结果是朱子(死1200)一派得了很高的地位。这一派虽然承认潜思默想的价值,还是倾向于着重由"格物"来扩张知识的重要性。第二阶段(1500—1700)又有王阳明(死1528)学派的神秘主义的复活,阳明的唯心哲学在中国和日本都有很大的势力。这两个学派,虽然都是明白反佛教,却从没有完全脱掉中古中国佛教时代传下来的"宗教性"的人生观,这个人生观往往还妨碍新儒家哲学的基本上是理性主义的趋向充分发达。

然而十七世纪又开始了一个新时代。十七、十八世纪有第一等头脑的人抛开了宋、明的哲学思考，认为那都是武断的，无用的，而把他们的精力用在靠纯粹客观方法寻求真理上。因此，顾炎武（死1681），开创中国科学的音韵学的人，在他的关于古音的大著作里往往用一百个例来证明一个古音。知识必须是客观的，理论必须以实证为根据的：这就是那个时代流行的精神。我们有理由把那个时代叫做"科学的"时代，不是因为有摸得到的征服自然的成就，而是因为有真正的科学态度和方法浸透了那个时代的一切校勘学研究、历史研究。正是前朝的这种科学传统使我们至少有些人在近代科学研究的各个领域里能够感觉心安理得。

我想，我所说的话已经够表示中国在近一千年里不是停滞不进步了。我们很高兴而且诚心诚意地承认，中国在这些世纪里的成就比不上近代欧美在近二百年里所做到的奇迹一般迅速的进步。种种新的条件，都是乐天知命的东方各民族所不曾经历过的条件，都要求迅速而激烈的变化，西方各民族也的确成就了这样的事业。我们正因为没有这样逼迫人的需要，所以多少养成了不可破的乐天知命的习惯，总是用优闲得多的方法应付我们的问题。我们有时甚至于会认为近代欧洲走得太快了，大概正仿佛一个英国人往往藐视近代美国人，觉得他们过分匆忙。

然而这种差别只是程度的差别，不是种类的差别。而且，如果我所提出的历史事实都是真实的，——我相信都是真实的——我们便还有希望，便不必灰心。一个民族曾证明它自己能够在人生与文明的一切基本方面应付自己的问题，缓慢而稳健地求得自己的解决，也许还可以证明它在一个新文明、新训练之下不是一个不够格的学生。因为，用一个英国大诗人的话来说：

> 我们是大地的古〔主〕人，
> 正当着时代的清晨。
> 于是睡着，于是又觉醒，
> 经历新奇，灿烂，光辉
> 的年岁，我们会采取吸收
> 变化的花朵和精髓。

（本文为1926年11月11日胡适在英国剑桥大学的演讲，英文稿载 Cambridge Review 第48卷第1176期，中译文收入徐高阮《胡适和一个思想的趋向》）

考证学方法之来历

我觉得很抱歉，辅仁大学的很多朋友几次要我来说几句话，可是一年以来，在外面跑了半年，很少时间，直到今天，才得和诸位见面，今天是应辅仁大学国文系之约来的，想到的"考证学方法之来历"这个题目，是和国文系有关系的，而与别的同学也有直接的或间接的关系，因为近几年来，研究考证学方法之来历的渐渐多了，而中国近三百年的学问和思想，很受考证学的影响。

考一物，立一说，究一字，全要有证据，就是考证，也可以说是证据，必须有证据，然后才可以相信。

近三百年始有科学的，精密的，细致的考察，必有所原，许多人以为是十七世纪西洋天主教耶稣会教士带到中国来的，如梁任公先生就是这样主张着。

在一千六百年左右，利玛窦来到中国，继之若干年，经明至清朝康熙雍正年间，有许多有名的学者到中国来，他们的人格学问，全是很感动人的，并且介绍了西方的算学，天文学等十六世纪，十七世纪的西洋科学，恐怕中国的思想界学术界受到他们的影响。

中国考证学家，清代考证学开山祖师顾亭林和阎若璩，全生于利玛窦来华之后，顾亭林生于1613年，阎生于1636年，利玛窦则是1581或1582年来华的，顾亭林考证古音，他的方法极其精密，例如"服"字，古音不读"服"音，而读"逼"音，他为了考证这一字，立这一说，举出一百六十二个证据来证实，在他的著书里，立一说，必要证据，许多字的考证都是这样，阎若璩考证《古文尚书》，也是这样，《尚书》有两种，西汉时候的《今文尚书》，有二十八篇，到了晋代，又出了一种《古文尚书》，有五十三篇，于前一种的二十八篇之外，又增加了二十五篇，文字好，易了解，谈政治，道德，很有点哲学味，内容丰富，因为它是用古文字写的，所以称做《古文尚书》，当时有人不相信，渐渐的也就相信了，至唐代以后，《古文尚书》成为正统，没有疑心它是假的了，到了清代，阎若璩著书《尚书古文疏证》，把假的那些篇，一篇一句，都考出它的娘家，打倒了《古文尚书》。

清代的学术，是训诂，考据和音韵，顾亭林考证音韵研究训诂，阎若璩考证古书真伪，他们两人，全是十七世纪的人，在利玛窦来华以后，这样看来，岂不是西洋的科学影响了中国的考证学了吗。

另一个证据，西洋学者带来了算学，天文等，曾经轰动一时，那时候，自己知道中国历法不够用，常常发生错误，推算日蚀和月蚀也不准确，当时的天文学有三派，一派是政府的钦天监，一派是回教的回回历，一派是中国私人魏氏历法，西洋于十六世纪后改用新历，是最新，最高，最进步的了，带到中国之后，又有了这个第四派，中国政府不能评定那一种历法准确，就想了一个法子，每一种都给他一个观象台，让他们测算日蚀，从何年何日何时开始，至何时退蚀，来考究他们，因为历法和日常生活很有关系，全中国都注意这一回事，二十年的长时间考证的结果，处处是西洋方法占胜利，并且，因为日蚀推算，如果阴雨，就不能看出来了，所以同时测算四川成都，陕西西安，山东济南和北京四个地方，清政府派人到四个地方视察报告，当然不会四个地方都赶上阴雨，结果，别几种都差得很远，而耶稣会教士的新科学方法占了胜利，明代崇祯末年，政府颁布了使用新法，而这一年，明朝就亡了，清代继续采用，直到1912年，民国改元之后，用了新历，而方法还是一样的，清代的考据家，没有不曾研究过算学的，如戴东原，就是一位算学家，有清一代的考证学，就是在西洋算学影响之下，算学方法，就是要有证据。

我个人是怀疑这种说法的,对于当时的西洋学者的人格,学问,我都很钦佩,他们也留下深刻的影响,前读中国的徐光启的三卷信札,更增加了钦佩之意,中国许多革新人物,全受过他们的影响,但是,要说考证学的方法,是由天主教耶稣会教士带来的,到今日为止,还没有充分的考据,前面说过的证明,还不能承认,今天所讲的,就是要特别提出个人的见解,以就正大家,请对于我们怀疑的,加以怀疑,或者更有新的收获。

前面所说的影响,很少可以承认的,顾亭林就不是算学家,阎若璩也是到了晚年算《春秋》,《左传》,《汉书》中的纪年和日蚀,因为那与历法有关系,才开始学算学的,所以不能受它的影响,而且是已经做了考证学家才学算学的,如王念孙也不是算学家,至少,不是受他的影响,我们只能承认算学影响历法,影响思想,而和考据学没有关系,在西洋,天文学,算学,物理学全很早就发达了,而西洋的历史,文学的考据,到十九世纪才发达,假如天文学,算学等能够影响考据,一定会很早就产生了,而西洋竟是很晚的,所以它并不能影响人怀疑和找证据,至于宗教家所提倡的是使人信,不是使人怀疑。

以时代关系来证明,是错误的,清代两考证学大师,顾亭林有他的来历与师承，阎若璩亦有他的来历与师承。

在音韵方面，顾亭林的方法是立一说，证一字，必要有证据，证据有两种，本证和旁证，如同证《诗经》字韵的古音，从《诗经》中找证据，曰本证，从《老子》，《易经》，《淮南子》，《管子》，《楚辞》等书里的方韵来证《诗经》，曰旁证，这种方法，在顾之前，有福建人陈第，作过一本《毛诗古音考》，就用了这种方法，是顾亭林的本师，《毛诗古音考》著于1604年，出版于1606年，利玛窦虽已来华，而北来第一次是1596年，第二次是1602年，短时期内受到影响，是不可能的，顾得自陈，毫无问题，而在陈第之前，还有崔诜，在1580年就考证过《毛诗》古音，再推上去，可到宋代，十二世纪，朱熹就是一位考证家。

再一个证据就是，阎若璩考据《尚书》，他的先师也来历明白，梅鷟，生死年月不可考了，他是1513年的举人，他作过一部《古文尚书考义》，用的方法和阎的一样，一一找出伪造的娘家，那个时候，还没有利玛窦，百年之后，书籍与方法更完备了，在梅鷟之前，可以推上去到元代，吴澄，他死于1333年，已经把《尚书》今文和古文的分开，述其真假，更上可推至宋代的朱熹，吴棫，他们已经疑惑《古文尚书》和《今文尚书》的不同，到了吴澄，就不客气的一一指出了假造的各篇的来历，是东抄西借，杂缀而成的，北宋的欧阳修，王安石，苏东坡，亦曾怀疑而研究之，在唐朝韩愈和柳宗元的文章中，亦提出考证，《论语》一书，经柳宗元的考证，知道是孔子的弟子的弟子所记，那是以常识作证据的。

总之，这种考证方法，不用来自西洋，实系地道的国货，三百年来的考证学，可以追溯至宋，说是西洋天主教耶稣会教士的影响，不能相信，我的说法是由宋渐渐的演变进步，到了十六七世纪，有了天才出现，学问发达，书籍便利，考证学就特别发达了，它的来历可以推到十二世纪。

现在时间还有一点，让我说一点别的。

考证的方法是立一说，必有证据，为什么到了宋代朱熹时候才发达呢，这是很值研究的，这也是一种考据，方才说过，考证学不来自西洋，是国货，可是它是怎样来的呢。

中国历史经过长的黑暗时期，学问很乱，没有创造，没有精密的方法，汉代是做古书的注解，唐代是做注解的注解，文学方面有天才，学术方面则没有，并且，这种方法在古代是不易的，那时候没有刻版书，须一一抄写，书籍是一卷一卷的，有的长至四五十尺，读后忘前，没有法子校勘，写本又常各不相同，没有一定的标准本，唐代有了刻版书，到了宋代才发达，如同书经，有国子监的官版本，有标准本后才能够校勘其他的刻本和抄本，这必须书籍方便才可以，毫无问题。

十一世纪，北宋后期，程颐、程灏提出格物致知来，一部一千七百五十字的《大学》，是有很大的关系的书，几百年来，受着它的约束，程氏兄弟发现了一千七百五十字里有五个字最重要，就是"致知在格物"，《大学》中，每一句话都有说明，惟独这五个字没有，什么是格物，没有人知道，当时有五六十种"格物说"，有解"格"为一个一个的格子的，有解"格"为"格斗"的，程氏兄弟提出重要的解释，格是到的意思，格物就是到物，所以说"格物即物，而穷其理"，今天格一物，明天格一物，今天格一事，明天格一事，然后才可以致知，至于物的范围，由一身之中至天地之高大，万物之所以然，均在其内，这是当时的"格物说"，有了中国的科学理想与目标，而没有科学方法，无从着手，中国从来的学术是（一）人事的，没有物理与自然的解释，（二）文字上的解释，而无物据，所以有理想，不能有所发展，如王阳明和一个姓钱的研究格物，对着一棵竹子坐了三天，毫无所获，王阳明自己对坐了七天，也是一样，于是很幽默的说了，圣贤是做不成了，因为没有那么大的气力来格物了，这个笑话可以证明当时有科学目标与理想而没有方法，这完全不同于西洋，从埃及、希腊，就和自然界接触，亚里斯多德于研究论理之外，自己采集动植物的标本做解剖实验，而孔夫子不过读《诗》而知鸟名罢了，中国没有这样背景，仅能像王阳明对竹而坐了。

程子，朱子感到这种格物办不通，就缩小了物的范围，由无所不包小到三件事：（一）读书穷理，（二）上论古人，（三）对人接物，朱子以后，就丢弃了大规模的格物而缩小，读书穷理也仅是读古经书了，所以士大夫就拿格物方法来研究古书了。

至于程朱格物的背景，我想，那时候没有自然科学，大概是由于科举时代，于做文章之外，还须研究"判"，考试的时候，拿几种案件，甲如何，乙如何，丙又如何，由士子判断是非，这样，必须多少有法律的训练，程明〔道〕送行状中记载着，他做县尉的时候，有听诉的训练，有今日的法官，律师，侦探的天才，从刑名之学得到找证据的方法，考，据，证，例，比等等全为法律上的名词，这方面的训练，在朱熹亦是有的。

朱熹亦是一个考据家，他三十岁的时候，校勘了一册语录，用三种钞本和一种刻本，他发现了刻本中多了百余条，其中五十多条是假的，就删去了，到他三十八岁的时候，找到了证据，就写了一篇跋，说明他的删掉的理由，他的注书也极审慎，他主张研究古书须学法家的深刻，才能穷究得进，他自己说，他的长处没有别的，就是肯用功，考证也是用法律方法，研究了一件，再研究了一件，不曾精细研究一本书，而牵引了许多别的，是一件错误。

他还有许多故事，可以证明他是受了律法的影响，做福建同安县主簿，知漳州，处理案件，是和考证一样的。

简括起来说，中国古代没有自然科学的环境，士大夫与外边无由接近，幸有刑名之学，与法律相近，科举时考"判"，做官时判案，尤须人证物证，拿此种判案方法应用在判别古书真伪，旧说是非，加以格物致知之哲学影响，而为三百年来考证学之来历，故纯为国货考证学，不会来自西洋的，将来有研究天主教耶稣会教士东来的历史专家提出新证据，我当再来辅仁大学取消我今天的话。

天主教研究神学，有一很好的习惯，就是凡立一新说，必推一反对论者与之驳辩，此反对论者称做"魔鬼的辩护师"，今天，我就做了一次"魔鬼的辩护师"。

（本文为1934年1月11日胡适在辅仁大学的演讲，路絮笔记，原载1934年1月12、13日《华北日报》）

搜集史料重于修史

台湾省文献委员会欢迎会上讲词

我非常感谢台湾省文献委员会及台北市、基隆市、台北县、桃园县、新竹县、宜兰县等文献委员会的各位先生给我参加这样一个盛大的聚会。不过说到欢迎，我实在不敢当。刚才黄（纯青）先生要我对修志问题表示意见，台湾省文献委员会等七个机构却是做征文考献工作的，他们在台湾省各地保留资料，搜集资料，整理资料，以编修台湾省通志及各县市的方志，这是一件大工作，要我表示意见实在不敢当。况且在座的有台湾大学，中央研究院历史语言研究所以及师范学院的许多位文史先生，他们对于黄先生所提出的问题，无论在知识，学术见解，以及这几年来他们参加襄助各地搜集材料的工作，都比我知道得多，在这许多文史界权威学者面前，更不敢说话了。

不过黄先生说我是台湾人，的确台湾是我的第二故乡，幼年时我曾在台湾住过一年又十个月。这次我到台南、台东等地，曾种了一株榕树，两株樟树，据说这两种树都有很长的寿命，将来长大了，也许有一个小小掌故的地位，也可以说替将来的台湾文献捏造一些掌故。

我还要特别感谢文献会的黄先生，将先君在台湾留下的一点纪录，一个是私人日记，一个是向他长官所作的报告，予以刊行。

关于黄先生所提的修志大问题，我刚才已经说过，我是不配提出有价值的意见的，不过大家知道我从前作过一部《章实斋（学诚）的年谱》，因为编这一部书，对于方志问题略曾注意，章实斋是一个史学家，是很有历史的眼光的学者，他的书中，一部分有关文史，一部分有关方志，特别对于方志部分还有许多意见。因为我编章实斋的年谱，所以引起我对方志的兴趣。平时我自己也搜集一些材料，但个人所搜集的材料当然有限，而且不免多是与个人有关的。但是我在国外，看到搜集方志最全的是美国国会图书馆，它搜集了全中国的方志，这实在是很了不得的，从前朱先生曾编有一个美国国会图书馆所藏中国方志的书目，可以作为参考。在国内除了北大图书馆和上海的涵芬楼以外，很少有一个地方像美国国会图书馆搜集得那样完备，而美国除了国会图书馆以外，尚有哈佛大学，哥伦比亚大学，普林斯敦大学的收藏亦甚丰富。因此，我有一个小小的意见，今天向七个专门考献的团体的先生以及文史专家面前提出。

我觉得文献委员会这几年来所做的搜集史料刊印史料的工作，也许比将来修志的工作还格外重要，这一句话并不是说对诸位修省通志或地方志的工作不领会，我的意思是说搜集资料，保藏原料，发表原料这些工作，比整理编志的工作更重要，有了原料，将它收集保藏起来，随时随地的继续搜集，随时出版，有一种材料就印一种，这个工作比修志编志书重要得多。为什么原因呢？因为志书经过一番制造整理，是一种制造品，台大前校长傅斯年先生曾说过，人家以为二十四史中《宋史》最多最麻烦，其实在二十四史中《宋史》的价值最高，这个见解我是很赞成的。因为《宋史》所保藏的原料最多，经过整理删除的最少，有人以为《宋史》不好，要重新写过一部，我却以为幸而《宋史》替我们保留了许多材料。再说大家都知道唐书有两部，一部《新唐书》，一部《旧唐书》，《新唐书》是宋时人作的，经过了一番整理，以做文章的方法来写历史，将材料改了很多，文章固然很谨严，一般做文章的人也许很恭维《新唐书》，但以历史的眼光看，《新唐书》是远不如《旧唐书》的，清朝学者王若虚就曾经写过《新唐书》不好，我们可以说《新唐书》

不但文章不通，而且原始的材料都掉了，《旧唐书》就是因为材料较多，所以篇幅也较多，差不多比《新唐书》多了一倍。这是它的好处。

今天在座的七个团体，都是从事征文考献的工作，给台湾的历史保藏史料，原料越是保藏得多，搜集得多，比起将原料整理删除编整的工作，都远为重要。因为无论以什么方式编志，新方法也好，旧方法也好，都不免经过整理，许多材料不免受编志总纂主观的取舍。甚至毁去一部分材料，或隐藏一部分材料；经过这一阶段，往往将有价值的原料去掉，所以整理出来的东西就成为制造品，我们以现代新的眼光来看，与其编志不如做搜集材料发表材料，继续搜集材料，随时发表材料的工作。譬如说，"二二八"事变是一个很不愉快的事，现在距离的时间很短，在台湾是一件很重要的问题，在这个时候不能不讨论这个问题，但讨论时不免有许多主观的见解，而关于这件事，就有许多材料不能用、不敢用，或者不便用。在这样的情形下，与其写一部志书，在方志中很简单的将二二八事件叙述几遍，远不如不去谈它，不去写书，而注重在保藏史料这一方面。使真实的材料不至毁灭，而可以发表的就把它发表。这是举一个很极端的例子，来说明原料比制造品重要，说明过早提出结论，不如多保留各方面的材料，到可以发表的时候当作原料发表，不加以论断。不要使原料毁灭，我以为这个工作比编志更重要。希望各地文献委员会对于搜集资料保存资料的工作能够继续，而且要特别的看重。不要存一种搜集资料就要编志的观念。

还有今天我在台大参观人类考古学系，看到有关高山族的考据，这是很了不得的，把高山族分成七个大类，这个工作现在刚刚开始，只是在开始搜集材料，还没有到搜集齐全的时期，有关民族、语言、方音等等的调查纪录，就我所知目前还是不够，尚待继续搜集，再以新的方式整理。在开始搜集的时候，很不容易有一个结论。征文考献亦复如此，应多搜集原料，研究原料，不必在几年中将各地通志都写起来。至少在我这个半个台湾人看来是不必如此的，而应扩大搜集材料的范围，请台大、师院及历史语言研究所各位先生就民族学、语言学、人类学各方面以新的方法来搜集新的材料。

这是我这半个台湾人回到第二故乡，向各位负征文考献责任的先生们，以我外行的一点小意见贡献给大家，我想许多文史专家一定有更好的意见，黄先生可以请他们多多发表，我只是以我粗浅的意见供大家的参考，作为一种抛砖引玉的意见。

（本文为1953年1月6日胡适在台湾文献委员会欢迎会上的演讲，收入《胡适言论集》甲编，1953年5月台北华国出版社出版）

中国古代政治思想史的一个看法

我很感觉到不安。在大陆上的时候，我也常常替找我演讲的机构、团体增加许多麻烦；不是打碎玻璃窗，便是挤破桌椅。所以后来差不多二三十年当中，我总避免演讲。像在北平，我从来没有公开演讲过；只有过一次，也损坏了人家的椅窗。在上海有一次在八仙桥青年会大礼堂公开演讲，结果也增加他们不少损害。所以以后我只要能够避免公开演讲，就尽量避免。今天在台湾大学因为预先约定是几个学会邀约的学术演讲，相信不会太拥挤。但今天的情形——主席沈先生已向各位道歉——我觉得很不安。我希望今天不会讲得太长，而使诸位感觉得太不舒服。

那天台湾大学三个学会问我讲什么题目，当时我就说讲"中国古代政治思想史的一个看法"，而报纸上把下面的"一个看法"丢掉了。如果要我讲"中国古代政治思想史"，这个范围似嫌太大，所以我今天还只能讲"中国古代政治思想史的一个看法"。

今年是我的母校哥伦比亚大学创立二百周年纪念。他们在去年准备时，就决定要举行二百周年纪念的典礼。典礼节目中的一部分，有十三个讲演。这十三个讲演广播到全美洲；同时将广播录音送到全世界，凡是有哥伦比亚大学毕业生的地方都要广播。所以这十三个广播演讲，在去年十一二月间就已录音；全部总题目叫做"人类求知的权利"。这里边又分作好几个部分：第一部分（第一至第四个演讲）是讲"人类对于人的见解"；第二部分（第五至第八个演讲）是讲"人类对于政治社会的见解"；第三部分（第九至第十三个演讲）是讲"近代自由制度的演变"。他们要我担任第六个演讲，也就是第五至第八个演讲"人类对于政治社会的见解"中的一部分。我担任的题目是"亚洲古代威权与自由的冲突"。所谓亚洲古代，当然要把巴比伦、波斯、印度古代同中国古代都包括在内。但限定每个演讲只有二十五分钟录音。这样大的题目，只限定二十五分钟的演讲，使我得到一个很大的经验与教训。因为这个题目，要从亚洲西部到东部，讲好几百年甚至一二千年古代亚洲的政治思想史，讲起来是很费时的。因此我先把这些国家约略地研究了一下；但研究结果，认为限定二十五分钟时间，无论如何是不够的。我觉得限定二十五分钟时间的演讲，只能限于中国；同时对于这些亚洲西部古代国家关系政治、宗教、社会、哲学等方面的文献甚少；所以最后我自己只选择了中国古代，并且对于"中国古代政治思想史"这个题目又不能不加以限制。同时我因为这是一个很难得很重要的机会，所以把中国古代政治思想的几种观念——威权与自由冲突的观念——特别提出四点（也可说是四件大事）来讲。结果就成为二十五分钟的演讲。那四件大事呢？

第一，是无政府的抗议，以老子为代表。这是对于太多的政府，太多的忌讳，太多的管理，太多的统治的一种抗议。这种中国古代的政治思想，能在世界上占有一个很独立的、比较有创见的地位。这一次强迫我花了四十多天时间，来预备一个二十五分钟的演讲；经我仔细地加以研究，感到中国政治思想在世界上有一个最大的、最有创见的贡献，恐怕就是我们的第一位政治思想家——老子——的主张无政府主义。他对政府抗议，认为政府应该学"天道"。"天道"是什么呢？"天道"就是无为而无不为。这可说是一个很重要的观念。他认为用不着政府；如其有政府，最好是无为、放任、不干涉，这是一种无政府主义的政治理想：有政府等于没有政府；如果非要有政府不可，就是无为而治。所以第一件大事，就是中国政治思想史上第一个放大炮的——

老子——的无政府主义。他的哲学学说，可说是无政府的抗议。

第二件大事，是孔子、孟子一班人提倡的一种自由主义的教育哲学。孔子与孟子首先揭橥这种运动。后世所谓"道家"（其实中国古代并没有"道家"的名词；此是后话，不在此论例），也可以说是这个自由主义运动的一部分。后来的庄子、杨朱，都是承袭这种学说的。这种所谓个人主义、自由主义的教育哲学和个人主义的起来，是由于他们把人看得特别重，认为个人有个人的尊严。《论语》中的"不降其志，不辱其身"，就是这个道理。个人主义、自由主义的教育哲学，教育人参加政治，参加社会；这种人要有一种人格的尊严，要自己感觉到自己有一种使命，不能随便忽略他自己。这个个人主义、自由主义的教育哲学，是第二件值得我们纪念的大事。

第三件大事，可算是中国古代极权政治的起来，也就是集体主义（极权主义）的起来。在这个期间，墨子"上同"的思想，（这个"上"字，平常是用高尚的"尚"字，其实是上下的"上"字。）就是下面一切要上同，所谓"上同而不下比者"，——就是一种极权主义。以现在的新名词说，就叫"民主集权"。墨子的这种理论，影响到纪元前四世纪出来了一个怪人——商鞅。他在西方的秦国，实行这种"极权政治"；后来商鞅被清算死了，但这种极权制度还是存在，而且在一百年之内，把当时所谓天下居然打平，用武力来统一中国，建立所谓"秦帝国"。帝国成立以后，极权制度仍继续存在，焚书坑儒，毁灭文献，禁止私家教育。这就是第三件大事。所谓极权主义的哲学思想：极权国家不但起来了，而且是大成功。

第四件大事是，这个极权国家的打倒，无为政治的试行。秦王政统一天下之后，称他自己为秦始皇，以后他的儿子为二世，孙子为三世，以至于十世、百世、千世、万世、无穷世。殊不知非特没有到万世、千世、百世，所谓"秦帝国"，只到了二世就完了。这一个以最可怕的武力打成功的极权国家，不但十五年就倒下去了。第一个"秦帝国"没有安定，第二个帝国的汉朝却安定了。什么力量使他安定的呢？在我个人的看法，就要回到我说的第一件大事。我以为这是那个无政府主义、无为的政治哲学思想来使他安定的。秦始皇的帝国只有十五年；汉朝的帝国有四百二十年；为什么那个帝国站不住而这个帝国能安定呢？最大的原因，就是汉朝的开国领袖能运用几百年以前老子的无为的政治哲学。汉朝头上七十年工夫，就是采用了这种无为而治的哲学。秦是以有为极权而亡；而汉朝以有意的、自觉的实行无为政治，大汉帝国居然能安定四百二十年之久。不但安定了四百二十年，可说二千年来到现在。今天我们自己称"汉人"，这个"汉"字就是汉朝统治四百二十年后留给我们的。在汉朝以前，只称齐人、楚人、卫人，没有"中国人"这个名词。汉朝的四百二十年，可说是规定了以后二千多年政治的规模，就是无为而治这个观念。这可说是两千多年前祖先留下来的无穷恩惠。这个大帝国，没有军备，没有治安警察，也没有特务，租税很轻（讲到这里，使我想起我在小时，曾从安徽南部经过浙江到上海。到了杭州，第一天才看到警察；以前走了七天七夜并没有看到一个警察或士兵，路上一样很太平）。所以第四件大事，可说是打倒极权帝国而建立一个比较安定的国家；拿以前提倡了而没有实行的无为而治的政治哲学，来安定四百二十年大汉帝国，安定几千年来中国的政治。

现在我就这四点来姑妄言之，诸位姑妄听之。

第一件大事是老子的无为主义。最近几十年来，我的许多朋友，从梁任公先生到钱穆、顾颉刚、冯友兰诸先生，都说老子这个人恐怕靠不住，《老子》这部书也恐怕靠不住。他们主张要把《老子》这部书挪后二三百年。关于这个问题，我也发表过一篇文章，批评这几位先生考定老子年代的方法。我指出他们提出来的证据都站不住（现在台湾版《胡适文存》第四集第二篇，就是讨论考证老子这个人的年代，和《老子》这本书的年代的）。但这二三十年来中国学者的提倡，居然影响到外国学者。外国学者也在对老子年代发生怀疑。你看西洋最近出版的几种书，差不多老子的名字都不提了。在我个人的看法，这个问题很复杂；如果将来有机会，可再和各位详细的讨论。今天简单的说，我觉得老子这个人的年代和《老子》这本书的年代，照现在的材料与根据来说，还是不必更动。老子这个人恐怕要比孔子大二三十岁；他是孔子的先生。所谓"孔子问礼于老聃"是大家所不否认的；同时在《礼记·曾子问》中有明白的记载。那时孔子做老子的学徒，在我那篇很长的文章《说儒》里，老子是"儒"，孔子也是"儒"。"儒"的职业是替人家主持丧礼、葬礼、祭礼的。有人认为"儒"是到孔子时才有的，这是错误的观念。我为了一个"儒"字，写了五万多字的文章；我的看法，凡是"儒"，根据《檀弓》里所说，就是替人家主持婚丧祭祀的赞礼的。现在大家似乎都看不起这种赞礼。其实你要是看看基督教和回教，如基督教的牧师，回教的阿洪，他们也是替人家主持婚丧祭祀的。在古代二千五百年时，"儒"也是一种职业。在《礼记·曾子问》中都讲到孔子的大弟子和孔子的老师都是替人家"相"丧的。《礼记·曾子问》中记：孔子自说有一天跟着老子替人家主持丧礼，出丧到半路上，遇到日蚀；老子就发命令，要大家把棺材停在路旁，等到日蚀过去后再往前抬。下面老子又解释为什么送丧时遇到日蚀应该等到太阳恢复后再往前抬。各位先生想一想：送丧碰到日蚀，这是很少见的事；而孔子跟着老子为人家主持丧礼，在路上遇见日蚀，也是一件很少见的事，记载的人把这话记载下来，我相信这是不致于会假的。从前阎百诗考据老子到周去问礼到底是那一年，就是根据这段史实来断定的。同时《檀弓》并不是一本侮蔑孔子的书；这是一本儒家的书。孔子的学生如曾子等，都是替人家送丧的。替人家送丧是当时的一种吃饭工具，是一种正当的职业。至于《老子》这部书，约有五千字左右，里边有四五个真正有创造的基本思想；后来也没有人能有这样透辟的观念。这部只有五千字左右的书，在我个人看起来，从文字上来看，我们也没有理由把他放得太晚。在思想上他的好几个观念，可说是影响了孔子。譬如老子说"无为"，孔子受其影响甚大。如《论语》中的"无为而治者，其舜也欤！""为政以德，譬如北辰，居其所而众星拱之！"这些话都是受了老子"无为而治"的影响的。还有孔子说，我话说得太多，我要"无言"。这也是老子的思想。孔子说："天何言哉？四时行焉；百物生焉；天何言哉？"这就是自然主义的哲学。我们考证一部书的真假，从一个人的著作中考据另一个人，并不是我一个人的办法。譬如希腊古代在哲学方面有许多著作，后来的人考据那几部著作是真的，那几部著作是假的，用什么标准呢？文字当然是一种标准；但是重要的，就是如果要辨别柏拉图著作的真伪，须看柏拉图的学生亚利斯多德是否曾经引过他老师的话，或者看亚利斯多德是否曾提到柏拉图某一部书里的话。这是考据的一种方法。我们再看孔子说的"以德报怨"。这完全是根据老子所说的"报怨以德"。诸如此类的话多得很；如"以能问于不能，以多问于寡，有若无，实若虚，犯而不校。"等都可以说是老子的基本观念；尤其"犯而不校"，就是老子提倡的一个很基本的观念，所谓"不争主义"，亦即是"不抵抗主义"（我就是犯了这个毛病：说不考据，现在又谈考据了。不过我现在说这些话，只是替老子伸伸冤而已）。

老子的主张，所谓无政府的抗议，是中国政治思想史上第一件大事。他的抗议很多。大家总以为老子是一位拱起手来不说话的好好先生，绝对不像个革命党、无政府党。我们不能太污蔑他。你只要看他的书，就知道老子不是好好先生。他在那里抗议，对于当时的政治和社会抗议。他说："民之饥，以其上食税之多，是以饥。民之难治，以其上之有为，是以难治。民之轻死，以其求生之厚，是以轻死。""民不畏死，奈何以死惧之。""天下多忌讳，而民弥贫。民多利器，国家滋昏。人多伎巧，奇物滋起。法令滋彰，盗贼多有。"这就是提倡无政府主义的老祖宗对于当时政治和社会管制太多、统制太多、政府太多的一个抗议。所以大家不要以为老子是一位什么事都不管的好好先生,太上老君;他是一位对于政治和社会不满而要提出抗议的革命党。而且他仅仅抗议还不够;他还提出一种政治基本哲学。就是说,在世界政治思想史上,自由中国在二千五百年以前产生了一种放任主义的政治哲学,无为而治的政治哲学,不干涉主义的政治哲学。在西方恐怕因为直接间接的受了中国这种政治思想的影响,到了十八世纪才有不干涉政治思想哲学的起来。近代的民主政治,最初的一炮都是对于政府的一个抗议:不要政府,要把政府的力量减轻到最低,最好做到无为而治。我想全世界人士不会否认:在全世界的政治思想史上,中国提出无为而治的思想、不干涉主义,这个政治哲学,比任何一个国家要早二千三百年。这是很重要的一件大事。老子说:我们不要自己靠自己的聪明;我们要学学天,学学大自然。"自然"这两个字怎样解释呢?"然"是如此,"自然"就是自己如此。天地间的万物,都不是人造出来的,也不是由玉皇大帝造一个男的再造一个女的,而都是无为,都是自己如此。一切的花,不管红黄蓝白各种颜色的花,决不是一个万能的上帝涂上了各种颜色才这样的,都是自己如此。也就是老子的所谓"天道",孔子所谓"天何言哉?四时行焉,百物生焉,天何言哉?""天道"就是无为,无为而无不为。老子说:"故圣人云:我无为而民自化;我好静而民自正;我无事而民自富；我无欲而民自朴。"这就是无为的政治。而老子最有名的一句话，就是"太上，下知有之。"就是说：最高的政府，使下面的人仅仅知道这个政府。另外一个本子把这句话多加了一个字，作"太上下不知有之"。就是说：上面有个政府，下面的人民还不知道有政府的存在。下面又说："其次，亲之誉之；其次，畏之；其次，侮之。"就是，比较次一等的政府，人民亲近他，称誉他；第三等政府，人民畏惧他；第四等政府，人民看不起他。所以第一句"太上，下知有之"六个字是很了不得的，是人类政治思想史上最早有这个观念。这种政治思想，比世界上任何一个有思想文化的民族都还要早；同时，由这个观念而影响到我们后来的思想。所以我们中国在政治思想上舍不得把《老子》这部书抹煞掉，我们历史上第一个政治思想家，就是提倡无政府主义、不干涉主义的老子。同时，我颇疑心十八世纪的欧洲哲学家已经有老子的书的拉丁文翻译本：因为那时他们似乎已经受到老子学说的影响。

　　第二件大事是孔子以下的自由思想，个人主义。孔子与老子不同。孔子是教育家，而老子反对文化，认为五音、五色、五味的文化是太复杂了，最好连车船等机器都不用，文字也不必要。这种反文化的观念，在欧洲十八世纪时的卢梭，十九世纪时的托尔斯泰也曾提出；而老子的反文化观念要比任何世界上有文化的民族为早。老子不但反文化，而且反教育，认为文明是代表人民的堕落。而孔子恰恰相反。他是一个教育家、历史家。虽然做老子的学生，受无为思想的影响，孔子在政治思想上的成就比较平凡，并没有什么创造的见解。但是孔子是一个了不得的教育家。他提出的教育哲学可以说是民主自由的教育哲学，将人看作是平等的。《论语》中有"性相近也，习相远也，唯上智与下愚不移。"就是说，除了绝顶聪明与绝顶笨的人没有法教育以外，其他都是平等的；可教育的能力一样。孔子提出四个字，可以说是中国的民主主义教育哲学，就是："有教无类"。"类"是种类，是阶级。若是看了墨子讲的"类"和荀子讲的"类"然后再来解释孔子的"有教无类"，可以知道此处的"类"就是种类，就是阶级。有了教育就没有种类，就没有阶级。后世的考试制度，可以说是根据这种教育哲学为背景的。

孔子的教育哲学是"有教无类"，但他的教育"教"什么呢？孔子提出一个很重要的字，就是"仁"字。孔子的着重"仁"字，可以说前无古人后无来者。这是了不得的地方。这个"仁"就是人的人格，人的人性，人的尊严。孔子说："修己以敬。"孔子的学生问"这就够了吗？"孔子又说："修己以安人。"孔子的学生又问："这就够了吗？"孔子又说："修己以安百姓。"这句话就是说教育并不是要你去做和尚，去打坐念经那一套。"修己"是做教育自己的工作；但是还有一个社会目标，就是"安人"。"安人"是给人类以和平、快乐。这一个教育观念是新的。教育并不是为自己，不是为使自己成为菩萨、罗汉、神仙。修己是为了教育自己，为的社会目标。所以后来儒家的书《大学》里的"格物、致知、诚意、正心、修身"，是修身的工作；而后面的"齐家、治国、平天下"，都是社会的目标。所以孔子时代的这种"修己以安人""修己以安百姓"的观念就是将教育个人与社会贯连起来。教育的目标不是为自己自私自利，不是为升官发财，而是为"安人""安百姓"，为齐家、治国、平天下。因为有这个使命，就感觉到"仁"——受教育的"人"，尤其是士大夫阶级，格外有一种尊严。人本来有人的尊严，到了做到自己感觉有"修己以安人""修己以安百姓"的使命时，就格外感觉到有一种责任。所以《论语》中说："志士仁人，无求生以害仁，有杀身以成仁。"就是说，遇必要时，宁可杀身以完成人格。这就是《论语》中的"不降其志，不辱其身"。孔子的大弟子曾子说："士不可以不弘毅，任重而道远。仁以为己任，不亦重乎！死而后已，不亦远乎！"就是说受教育的人要有大气魄，要有毅力。为什么呢？因为"任重而道远"。"任"就是担子。把"仁"拿来做担子，担子自然很重；到死才算是完了，这个路程还不远吗？这一个观念，是我们所谓有孔孟学派的精神的：就是将个人人格看得很重，要自己挑起担子来，"修己以安人""修己以安百姓"。孟子常说："自任以天下之重。"曾子说："仁以为己任。"以整个人类视为我们的担子，这是两千五百年以来的一个了不得的传统。后来宋朝范仲淹也说："先天下之忧而忧，后天下之乐而乐。"这就是因为"修己以安人"而感觉到"任重而道远"的缘故。明末顾亭林以为："天下兴亡，匹夫有责"，也是这个道理。

所以自由民主的教育哲学产生了健全的个人主义。个人主义就是将自己看作一个有担子的人，不要忘了自己有使命，有责任。不但孔子如此，孟子也讲得很清楚："富贵不能淫，贫贱不能移，威武不能屈：此之谓大丈夫。"就是说大丈夫的人格要自己感觉到自己有"修己以安人"的使命。再讲到杨、朱、庄子所提倡的个人主义，也不过是个人人格的尊严。庄子主要的是说："举世誉之而不加劝；举世非之而不加沮。"这就是最健全的个人主义。老子、庄子都是如此。到了汉朝才有人勉强将他们跟孔、孟分了家，称为道家。秦以前的古书中都没有"道家"这个名字（那一位先生能在先秦古书里找到"道家"这个名字的，我愿意罚钱）。所以韩非子在秦末年时说："天下显学二，儒、墨而已。"他只讲到儒、墨，没有提及道家。杨、朱的学说也是个人主义。这个个人主义的趋势是一个了不得的趋势；以健全的民主自由教育哲学作基础，要做到"不降其志，不辱其身"；提倡人格，要挑得起人类的担子，挑得起天下的担子。宁可"杀身以成仁"，不可"求生以害仁"。这个健全的个人主义，是第二个重要的运动。

第三件大事发生在纪元前五世纪以后，在孔子以后，自四世纪起到三世纪时，正是战国时代。原来春秋时代有一个大国——晋。晋国文化很高，但在西历纪元前403年即被权臣分裂为韩、赵、魏三国。这一年历史家算作战国的第一年。那时南方的楚也很强大。因为晋国三分，亦便没有可畏的强邻了。当时的秦孝公是一个英主，用了一个大政治家商鞅。两人合作而造成了一个极权国家。不过极权主义的思想原则远在商鞅之前就已发生；在《墨子》的《上同》篇中已有这个思想。关于中国古代思想的三个大老——老子、孔子、墨子，我在《中国哲学史》上卷，提倡百家平等；认为他们受了委屈，为被压迫了几千年的学派打抱不平。现在想想，未免矫枉过正。当时认为墨家是反儒家的；儒家是守旧的右派，而墨家是革新的左派。但这几十年来——三十五年来的时间很长，头发也白了几根，当然思想也有点进步——我看墨子的运动是替民间的宗教辩护，认为鬼是有的，神是有的。这种替民间宗教辩护的思想，在当时我认为颇倾向于左；但现在看他，可以算是一个极右的右派——反动派。尤其是讲宗教政治的部分，所说的话是右派的话。在政治思想上，只要看他的《上同》篇。《上同》篇中说：

> 古者民始生未有政长之时，盖其语人异义。是以一人则一义，二人则二义，十人则十义。其人兹众，其所谓义者亦兹众。是以人是其义以非人之义，故交相非也。……天下之乱，若禽兽然。

义就是对的，一个人认为自己是对的，十个人认为他们各是对的，结果互相吵起来而"交相非也"。拿我的"义"打人家的"义"，结果天下大乱而"若禽兽然"。有了政府时，政府中，上面是天子，有三公、诸侯——乡长、里长，政府成立了。然后由天子发布命令给天下百姓，说你们凡是听见好的或不好的事都要报告到上面来，这是民主集权制。《上同》篇中说：

> 夫明乎天下之所以乱者生以无政长，是故选天下之贤可者立以为天子。天子立，以其力为未足，又选择天下之贤可者置立之以为三公。……政长既已具，天子发政于天下之百姓，言曰，闻善而不善（王引之读"而"为"与"），皆以告其上。上之所是，必皆是之；所非，必

皆非之。……上同而不下比者，此上之所赏而下之所誉也。……

只要上面说是对的，下面的人都要承认是对的：这就是"上同"，"上同而不下比"。

里长发政里之百姓，言曰，闻善而不善，必以告其乡长。乡长之所是，必皆是之；乡长之所非，必皆非之。……乡长唯能壹同乡之义，是以乡治也。……乡长发政乡之百姓，言曰，闻善而不善者，必以告国君。国君之所是，必皆是之；国君之所非，必皆非之。……国君唯能壹同国之义，是以国治也。

天子的功用就是能够壹同天下之义。但是这还不够；天子上面还有上帝。所以

国君发政国之百姓，言曰，闻善而不善，必以告天子。天子之所是，皆是之；天子之所非，皆非之。……天子唯能壹同天下之义，是以天下治也。……天下之百姓，皆上同于天子，而不上同于天，则灾犹未去也。……

这才算是真正的上同。但是怎样才能达到上同呢？拿现代的名词讲，就是用"特务制度"，也就是要组织起来。这样才能够收到在数千里外有人做好事坏事，他的妻子邻人都不知道，而天子已经知道。《上同》篇中有一段说：

> 古者圣王唯能审以尚同以为政长，是故上下情通（依毕王诸家校）。上有隐事遗利，下得而利之；下有蓄怨积害，上得而除之。是以数千万里之外，有为善者，其室人未遍知，乡里未遍闻，天子得而赏之。数千万里之外，有为不善者，其室人未遍知，乡人未遍闻，天子得而罚之。是以举天下之人皆恐惧振动，惕慄不敢为淫暴，曰，"天子之视听也神！"

就是说天子的看与听都是神。然后又说：

> 非神也，夫唯能使人之耳目助己视听，使人之〔唇〕吻助己言谈，使人之心思助己思虑，使人之股肱助己动作。助之视听者众，则其德音之所抚循者博矣；助之思虑者众，则其举事速成矣。故古者圣人之所以济事成功垂名于后世者，无他故异物焉，曰唯能以上同为政者也。

这就是一种最高的民主集权制度。这种思想真正讲起来也可以说是一种神权政治，也是极权政治的一种哲学。所以我们从政治方面讲，老子是站在左派，而墨子是站在极右派。不过后来墨子并没有机会实行他的政治哲学。

秦孝公的西方国家本来是一个贫苦的国家，但是经过商君变法，提倡"农""战"，这是一种政治上、经济上、军事制度上的大改革、大革新。这个革新有两大原则：一是提倡"农"，生产粮食；一是提倡"战"。有许多古代的哲学，古代的书籍，因为离开我们太久远了，我们对它的看法有时看不大懂。在三十五年前我写《中国哲学史大纲》时，就很不注意《商君书》和韩非子的书。这种书因为在那时候，没有能看得懂，觉得有许多东西好像靠不住。等到这几十年来，世界上有几个大的极权政府，有几个已经倒了，有的还没有倒。因为这个缘故，我们再回头看墨子、商君的书，懂了。这是经过三十多年的变化而生的转移。举例来说：譬如关于"战"，关于极权政治，在《商君书》第十七章里有一节："圣人之为国也，一赏、一刑、一教。一赏则民无敌；一刑则令行；一教则下听。"这个"一赏、一刑、一教"，真正是极权的国家主义。最重要的是一教。一教之义，就是无论什么学问，无论什么行为，都比不了富贵；而富贵的得来，并不靠你的知识，也不靠你的行为，也不是因为名誉；靠什么呢？靠战争。"所谓一教者，博闻辩慧，信廉礼乐，修行群党，任誉清浊，不可以富贵。……富贵之门，要存战而已矣。"能够作战的才能践富贵之门；因为这个缘故，父兄、子弟、朋友、婚姻的谈话中最重要的事是战争。"彼能战者，践富贵之门。……是父兄昆弟知识婚姻合同者，皆曰，务之所加，存战而已矣。故当壮者务于战，老弱者务于守。死者不悔，生者务劝。此……所谓一教也。""民之欲富贵也，共阖棺而后出。而富贵之门必出于兵。是故民间战而相贺也。起居饮食所歌谣者，战也。……圣人治国也，审一而已矣。"像这样使人认为战争是可贺的，在家中在外面所唱的歌都是战争；这样才能做到使百姓听到战争的名字，看到战争，有如饿狼看见了肉。这样老百姓才可以用了。"民之见战也，如饿狼之见肉，则民用矣。凡战者，民之所恶也。能使民乐战者，王。"这些书籍，我们在当时看不懂；到了最近几十年来，回头看一看《史记》《商君书》，才都懂了。那时的改革政治是怎样呢？就是将人民组织起来，分为什伍的组织，要彼此相纠发。《史记·商君列传》：

> 令民为什伍，而相收司（相纠发）连坐（一家有罪而九家连举发。若不纠举，则十家连坐）。不告奸者腰斩。告奸者，与斩敌首同赏。匿奸者与降敌同罚。……有军功者，各

以率受上爵。……大小僇力本业耕织;致粟帛多者,复其身。事末利及怠而贫者,举以为收孥。

这是西方的秦建设了一个警察国家,一个极权的国家,而且成绩特别好。在不到一百年之内,居然用武力统一了当时的所谓天下。始皇二十六年统一天下;过了八年后又发生了问题。就是当时还有许多人保留了言论自由。于是三十四年丞相李斯议曰:"……古者天下散乱,莫之能一,是以诸侯并作,语皆道古以害今,饰虚言以乱实。人善其私学,以非上之所建立。"就是百姓以批评来反对政府所建立的政策。接着又说:

今皇帝并有天下,别黑白而定一尊,私学而(乃)相与非法教。人闻令下,则各以其所学议之。入则心非,出则巷议。夸主以为名,异取以为高,率群下以造谤。如此弗禁,则主势降乎上,党羽成乎下。禁之便。

主张还是禁止言论自由为对。于是就具体建议:"臣请史官非秦纪皆烧之;非博士官所职,天下敢有藏诗书百家语者,悉诣守尉杂烧之。"将书烧了以后,如果还有人敢批评政府的就杀头。"有敢偶语诗书,弃市。""吏见知不举者与同罪"。"所不去者,医药卜筮种树之书。……"这是秦始皇三十四年的大烧书。

总而言之,第三件大事就是秦朝创立一个很可怕的极权国家,而且大成功,用武力统一了全中国,建立了统一的帝国。

第四件大事就是极权国家的打倒,与无为政治的试行。汉高祖是百姓出身,项燕、项羽与张耳一班人都是贵族。汉高祖是一个地地道道的百姓,知道民间的疾苦,所以当他率领的革命军到达咸阳时,就召集父老开大会,将所有秦代所定的法律都去掉,只留约法三章。其实只有两章:"杀人者死;伤人及盗抵罪。"汉朝的几个大领袖都能继续汉高祖的这种政策。当时的曹参是战功最高的,比韩信的战功还高。汉高祖将项羽打倒后,立私生子做齐王,派曹参去做相国。曹参当时就说,我是军人,而齐国的文化程度最高,经济程度也高。情形很复杂,我干不了;还是请一班读书人去吧!于是大家告诉他,山东有一个人叫盖公,可以请他指导。于是曹参就去请教盖公。盖公说:我相信老子的哲学。要治理齐国很容易;只要"无为"就可以治好齐国。于是曹参就实行"无为之治"。在齐国做了九年宰相,实行无为的结果,齐国大治,政治成绩为全国第一。所以在萧何死后,朝廷又请曹参回到中央政府做宰相。曹参到了中央任丞相以后,也还是喝酒不管国事。当时的惠帝就遣曹参的儿子去问曹参。曹参打了儿子一顿。及曹参上朝,惠帝向他说,你为什么打你的儿子?是我叫他问的。曹参便脱帽谢罪,向惠帝说:"陛下比高皇帝何如?"惠帝说:"我哪可以比高皇帝!"参又问:"陛下看我比萧何那个能干?"惠帝说:"君似乎不及萧何。"参曰:"陛下说得是。既然陛下比不上高祖,我比不上萧何,我们谨守他们的成规,无为而治岂不好?"惠帝就说"很好"。不但如此,以后吕后闹了一个小政变,结果一班大臣请高祖的一个小儿子代王恒来做皇帝,这就是汉文帝。文帝的太太窦后是一个了不得的皇后。文帝死后,景帝登位,窦后是皇太后。景帝死后,武帝登位,窦后是太皇太后。前后三度,当权四十五年。窦太后最相信老子的哲学,他命令刘家、窦家全家大小都以老子的书作必修教科书。所以汉朝在这四十五年中实行无为而治的政治。对外方面,北对匈奴,南对南越,都是避免战争。对内是减轻租税,减轻刑罚;废止肉刑,废止什伍连坐罪;租税减轻至三十分之一,这是从古以来没有的,以后也没有的。人民经过战国时代的多少战争,又经过楚汉的革命战争,在汉高祖以后,七十年的无为政治使人民得了休息的机会。无为而治的政治使老百姓觉得统一的帝国有好处而没有害处。为什么有好处呢?这样大的一个帝国,没有战事,没有常备军队,没有警察,租税又轻：这自然是老百姓第一次觉得这个政策是值得维持、值得保存的。

由于汉朝这七十年的有意实行的无为而治，才造成了四百年的汉帝国，才留下无为而治的规模，使我们中国两千多年来的政治思想，政治制度，政治行为都受了这"无为而治"的恩典。这是值得我们想想的。这是我对于中国古代政治思想的一个看法。

今天因为广播公司控制得不严格，所以超过了时间，要向诸位道歉。

（本文为1954年3月12日胡适在台湾大学的演讲，原载1954年3月13日台北《"中央"日报》、《中华日报》和《新生报》，又载1954年4月1日台北《自由中国》第10卷第7期）

历史科学的方法

今天本人能参加这次中国地质学会年会,甚感荣幸。同时看到内容丰富的会刊,更觉高兴。本人对地质是外行,没有什么可讲;但因我和地质界许多位老前辈们都有深交,所以对过去地质学会的工作情形,特别清楚,本人尤其赞佩地质学会在国际上的崇高地位,对贵会前途寄予无限的期望。

地质学,古生物学皆属于历史科学,本人特在此提出1880年赫胥黎(Thomas Henry Huxley)关于研究古生物的一篇有名的讲词"柴狄的方法"(On the Method of Zadig)的故事来谈谈。

赫氏所讲故事里的"柴狄"是法国一位大哲人伏尔泰(Voltaire)做的小说里的主人翁,在这书中柴狄是一位巴比伦的哲学家,他喜欢仔细观察事物。有一天他在森林中散步,恰巧王后的小狗走失了,仆人正在找寻,问柴狄曾否看到。

柴狄当时说那只狗是一只小母狗，刚生了小狗，并且一只脚微跛。仆人以为那只狗一定被他偷藏了，就要逮捕他。这时又有一群人来找寻国王失了的马，柴狄又说出那马是一匹头等快跑的马，身高五尺，尾长三尺半，马蹄上带着银套，嘴衔勒上有二十三"开"金子的饰品。于是他就以偷窃王家的狗和马的嫌疑被捕了。在法庭上柴狄为自己辩护，他指出，他根据沙上的痕迹就可以判断那狗是刚生小狗的母狗，左后足是跛的；又根据路旁树叶脱落的情形，可以判断马的高度，根据路的宽度和两旁树叶破碎的情形，可以判断马尾的长度；马嘴曾碰石头，那石头上的划痕，可以推知马衔勒是二十三开金制成；根据马的足迹，可以判断这是一匹头等快跑的马。随后狗和马都在别处找到了，柴狄无罪被释。赫胥黎说，古生物学的方法其实就是"柴狄的方法"。

历史学家、考古学家、古生物学家、地质学家以及天文学家所用的研究方法，就是这种观察推断的方法，地质学和古生物学都是"历史的科学"，同样根据一些事实来推断造成这些事实的原因。

历史的科学和实验的科学方法有什么分别呢？实验的科学可以由种种事实归纳出一个通则。历史的科学如地质学等也可以说是同样用这种方法。但是实验科学归纳得通则之后，还可以用演绎法，依照那通则来做实验，看看某些原因具备之后是否一定发生某种预期的结果。实验就是用人工造出某种原因来试验是否可以发生某种结果。这是实验科学和历史科学最不同的一个要点。地质学和其他历史的科学,虽然也都依据因果律,从某些结果推知当时产生这些结果的原因,但历史科学的证据大部分是只能搜求,只能发现,而无法再造出来反复实验的(天文学的历史部分可以上推千万年的日月蚀,也可以下推千万年的日月蚀,也还可以推知某一个彗星大约在某年可以重出现。但那些可以推算出来的天文现象也不是用人工制造出来的。但我曾看见一位欧洲考古学家用两块石头相劈,削成"原始石器"的形状)。

正因为历史科学上的证据绝大部分是不能再造出来做实验的,所以我们做这几门学问的人,全靠用最勤劳的工夫去搜求材料,用最精细的工夫去研究材料,用最谨严的方法去批评审查材料。

这种工夫,这种方法,赫胥黎在八十年前曾指出,还不过是"柴狄的方法"。柴狄的方法,其实就是我们人类用常识来判断推测的方法。赫胥黎说:"游牧的民族走到了一个地方,看见了折断了的树枝,踏碎了的树叶,搅乱了的石子,不分明的脚印,从这些痕迹上,他们不但可以推断有一队人曾打这里经过,还可以估计那一队的人数有多少,有多少马匹,从什么方向来,从什么方向去,过去了几天了。"

历史科学的方法不过是人类常识的方法,加上更严格的训练,加上更谨严的纪律而已。

(本文为1958年4月26日胡适在中国地质学会年会的演讲,原载1959年3月台北《中国地质学会会刊》第2期)

中国再生时期

几年以前,广西大学校长马君武——我的师长,曾经函嘱南来讲学;抱歉得很!当时因为个人在北方事务纷繁,一时未易分离,现在得一个机会到此,并且承马先生命讲题,就是"中国再生时期",在今天得和诸位谈谈。

什么叫做"再生时期"呢?我们知道,人类的个体生命历程,是从少壮而衰老而死亡,人类的个体生命到了"衰老"的时期,必然达于"死亡";决没有"返老还童",所谓"再生"时期的到临。那走江湖的人和报纸上的广告,竟有什么"返老还童药"发卖,那是欺人之谈,没有科学根据的诳言。但是人类集团的生活和国家民族的文化之演进,虽也是由少壮而衰老而死亡;但是在衰老时期如何注射"返老还童"针,使获得了新的血脉,那么一朝焕发新的精神,从老态龙钟转变而振作有为,于是,国族的各方面都表现了新的活动，这个时期，历史家称为"再生时期"。

我们一读西欧的近代史，就知道西欧在中古时代曾经有过八百年到一千年的黑暗时代（Dark Age）。那时，欧洲一切的文物俱已荒废，民族达于"衰老"的极度；但是到了黑暗时代的末期，因为获得了新的刺激，灌输了新的血液，于是老大颓衰的欧洲民族，到了十四、十五世纪便发生新的运动，返老还童，死里复活，成为欧西近几百年一切文物发扬光大的基础，这便是"文艺复兴"（Renaissance）时代。我国向来翻译为"文艺复兴"，实在有些欠当，应该是叫做复苏或再生时期，十四十五世纪是欧洲的再生时期，那么何时是中国的再生时期？试观近三四十年来——尤其是最近的二十年来，我国的一切文物无论是社会制度，政治体系，经济组织，学术思想……皆掀起了极大的变革，所以我相信，将来的历史家就要目这个时代为中国的"再生时期"。因为我国具有几千年的文化，然而，历史演进到了现在，已经表现中华民族的老大衰颓。过去中国的历史上，发生了多次的再生运动，交织起伏，希望促老大的中国返老还童；但是新的刺激奄弱，新的血液贫乏，终于未能成功。可是从历史的观点，我们知道现在中国"再生时期"的到临。

我国在中古时代，为宗教的迷信势力，和社会遗留的法制所蒙蔽，但知尊重个人的生命，不理解做人的意义；《孝经》所云:"身体发肤,受诸父母,不可毁伤",当时一般的人们,不但是尊重自己的身体,并且求所以扬名显亲,光宗耀祖,最低限度也要做到"无辱"的地步,使自身和父母在社会上有尊荣的地位,要不是,生不如死!到战国的时候,社会上表现了武士道的精神,许多人不但尊重人生的名誉,并且形成社会的侠义风尚和爱国牺牲的精神!民族渐渐有了复活的趋向。

但是不多久,受佛教和道教的影响,侠义牺牲的精神,潜藏于无形,民族日渐衰老,怕死,念佛,求仙,遍寻返老还童药丹以期长生不死,为着将来自身得入浮图,不惜以指头或手臂扎布浸油,在佛前燃烧作佛灯,表示信佛的虔诚,于是群起仿行,甚至竟以身殉,有的将整个身体缚布涂油,并且张贴布告:"兹于某月某日在某某地方某某大和尚献身佛前"云云,使得万人空巷,争往观看;大和尚一面焚身,一面念佛,一面行礼,于是大家异口同声赞美,因为大和尚从此已经成佛升天,达到人生最高的目的。这种个体的牺牲,为想达到个人入浮图的梦想,与民族,国家,和人群没有丝毫的关系;和墨子"摩顶放踵利天下为之"的人生观大相违背,到了这个时候,民族复回到了衰老时期。一直中国给这种黑暗的潮流荡漾了好几百年!

到了唐代,渐渐地萌发了一点生机,爬出了这个黑暗的圈子，一般不再幻想升天成佛。首先在文学上，我们看到有了良好的改革，许多诗人如杜甫，白居易等不再从事去赞美自然，吟风弄月，开始描写社会的疾苦，出现了新的文学，达到了一个解放的时代。不但唐诗为我国历代最著名的，柳公权，颜真卿的书法，皆甚有名；就是散文方面也发生了很大的变革。在唐朝以前，六朝的文献形成，一般人作起文章，讲求对偶，造成四六句的骈体文，走上了荒昏的文学道上，当时的文学已经失掉了作用，而表达晋人的感情，感觉，和思想，还不完全。直到唐朝的韩退之、柳宗元出来，才将这种不合文法的骈文废弃，主用"散文"，当时的"散文"，这就是现在我们所谓的"古文"。其结果，唐朝成为诗文最盛的一个时代，此外，在宗教方面，唐代也有相当的改革，就前所述，独善其身的佛教，渐进而成禅宗，从印度的佛教转变而为中国的禅宗，不立文字，不再打坐念经，见性成佛。所以唐代是中国一个再生的时期。但是，毕竟因为这时所遭受的刺激太小，新血液的灌输不足，过后，又回到了衰老的时期。

到了宋时，离现在九百余年，中国又渐渐表露复活的趋势，无论是在文学上，思想上，政治上等各方面宋朝都充分表现勃兴的气象。文学方面继续出现了几个新人物，如欧阳修、苏洵、苏轼、苏辙、曾巩、王安石，他们继起对于文字的努力，亦有了新的收获，造成文学革命，"古文"的格式于是形成，后人合唐之韩愈、柳宗元称为唐宋八大家，其中宋代占了六位，所以宋时在文学上又是一个再生时期。同时，在思想方面也有了极大的改观，从前的人生观为拜神求佛，但望个人延年益寿，避祸得福。在北宋时出了一个伟大的人物范仲淹氏。提出了一个新人生观，尝言："士当先天下之忧而忧，后天下之乐而乐。"于是思想上表现了一个新时代，由个人主义走到利他主义的道上，要在人人还未曾有忧虑的时候，而自己去忧虑；但是快乐就是要到个个都享受了然后才到自己，这是宋代思想界一大革新。不到三十年，熙宁年间，王安石出来实行政治的大改革，但是恶势力强固，改革没有成功，继有程灏，程颐，朱熹一般人出来，主敬存诚穷理为本，另成了一个学派，他们不再希望做道士和尚，而且要在世界上堂堂正正地做一个"人"，于是确立了一种理想的人生观，如《大学》首章所谓"格物，致知，正心，诚意，修身"，但是这里的"修身"和中古时候所希望为神仙成佛祖的一种自私的，出世的观念不同，而是积极的，为社会的人生观，所以"修身"的后面，就是"齐家"，"治国"，和"平天下"，这一种新人生观的焕发，于是代替了中古时代宗教迷信的人生观。从目的上说，由期望个人的超度推广而期望社会的改进，因此在思想方面宋朝的理学派不愧是我国历史上的一个再生时期。

然而，毕竟因为社会传统的旧势力膨胀，而新加入的血液不足，"治国"，"平天下"，又是那样的艰深难行；不久，中国又回到了过去的时代，踏上从前的老路，文字方面从此跑上一个"做八股"的形式道上，体裁更坏。在思想方面，又回到静坐，拜佛，欲成神仙的圈里。一向积极的活动的人生观，转变而消极的死样的人生观，无所为而为；因着要做圣贤便要做到"格物致知"和"治国平天下"，小民何敢奢望？"格物致知"的意义，原来正与近代的科学家理想相符，"物"的范围既然是这样广泛，包罗万有，单是要"格物"，以穷究天地万物的道理，在那个时候，既没有客观的环境，生活上并没有感觉到切肤的需要，而科学研究上的设备，好像显微镜，望远镜等等都一样也没有的；而大家既不了解科学实验的方法，一般读书人但知琅琅念书；文质彬彬，长袍大袖又不用手足，那里说得科学的学习，因了这个缘故，"格物致知"，只是讲讲而没有方法去实行。到明朝，王守仁主张"知行合一"，但是"格物致知"做不到，于是想从自身下手，由静坐而提倡"良知"。初时，王阳明对于"格物穷理"等宋哲所提倡的思想，也愿笃信力行，只是行而不知其法。为着"格物"，王阳明和他们的门弟，先试"格"庭前"竹"，解开"竹子为什么中空？"的道理，他的门徒坐守三天三夜，仍旧不获其理；王阳明不相信，自己亲身去守望沉思，也弄了七天七夜，仍旧，"竹子为什么中空？"的道理没有"穷"了出来，反弄得病体支离，于是认为"格物致知"，那是干不通的；就改而提倡"良知良能"，以个人的知觉为做学问的出发点，我们晓得，思想方面这又回到了沉没错误的途上，宋哲所提倡那积极的人生观和"格物穷理"的道理，为了历史上从来没有研究的遗风，和科学的背景设备等，于是昙花一现，思想上又返到了过去的时代！

每个时代都有一个再生时期，不在这方面或者就在那方面具有返老还童的趋势。古文改革到了明朝，一方面，文学是走到形式的死路上；一方面是在蕴蓄着蓬勃的生机。在明朝以前的元代，已经有了白话戏曲，明朝以来，白话的词曲，虽然仍旧存在，可是明代在文学上最伟大的杰作，是用白话写的小说，好像《三国志》，《西厢记》，《水浒传》等都是历史上白话文长篇小说中不可多得的佳本，迄清时，又有《红楼梦》、《儒林外史》等小说出现，因此，这五百年来，文学上可以说是由古典的文学到了市民文学，为文学历史上一个新的阶段。但是，在这个时候，文学就分成了两个部位，像《三国志》，《水浒》这一类的文学作品，在当时目为低级文学，为社会中一般下层阶级的民众，像卖豆腐的，拉车的，缝纫的作为茶余饭后的读物；而一般士大夫阶级，仍旧在跑其"求功名"的道路，大做典试的八股文章。

总括来说，在历史我国是发生了好几次的再生运动，从各方面表露复苏的精神，唐代可谓是我们文学上的大改革，民族也表现一些生机；但是一会儿又转到了衰老时期。迄宋朝，文学又焕发了新生，并且思想上表露复活的气象，但是因为旧势力雄厚，新刺激，新血液贫乏，不久又朝八股文学的路儿跑。明代以后，白话文的兴勃，文学上又表现了一种生机；然而一般士大夫阶级仍在做古典应试的文学。所以我国历史上虽然有了好几次的"再生时期"交迭起伏，然而返老还童的目的，仍是没有达到。不过，历史演进到了现在，试观最近之数十年中国各方面的活跃，我们觉得中国并没有死亡，过去的"再生运动"也不是完全失败，并且这依旧在继续的进行。我们从历史的观点来作一个比较，更证明现在中国所感应的刺激，所增加的新血液之强大，为历来所未有，这种新刺激新血液，有促中国复活的趋向，所以现在是中国的再生时期，恐怕也就是最末一次的再生运动。因为现在关于政治改革已经大功告成，而在文学改革，社会改革，学术改革诸端也就如狂风怒潮逐波而来，在在都充满了新的希望。现在分别说来：

一，政治改革：前者我国历史上的各种改革不容易求得实现，这原因思想，文学，宗教的改革不敌政治上的压抑，往往思想和文学的改革，在政治上稍稍加以压力，即将一笔勾销，好像三十年前，光绪二十四年（即1898年）广东一般领袖如梁启超、康有为所领导戊戌维新运动，全国震动，思想为之一新，那时恭亲王亦立意变法，并颁布了关于政治，军事，教育等等数百件改革案，但是，还不够三个月，顽固的慈禧太后复垂帘听政，不赞成变法，于是，将皇帝幽禁，一般维新的党人，捉的捉，杀的杀，如火如荼的改革运动，就给这一位老太太轻轻地一笔勾销，这是给一般人的一个大教训，皇帝或一般谋臣想图改革，尚且还没有成功的希望，在个人方面或是没有地位的人更因着畏缩而消减了改革的念头，倘若一不小心，给御史探悉，那么自己的身家性命，立刻不能保障；想在文学方面努力改革运动，更是没有办法，政治上的压力，立刻将加以取缔，或封报馆或停办书店，历史〔朝〕以来的文字狱，都是言论被钳制的结果。所以，政治的改革在再生时期，实在占着重要的地位，但自辛亥革命成功，中华民国成立，扫荡了几千年专制政治的积污，使中国开放苏生的时代，而一切的革新运动，无论是在文学上，思想上，学术上的，才能够发芽滋长。因此，若果没有了辛亥的政治改革，那么中国一切再生运动都不能成立。所以中国政体的改革，实在是一切改革的惟一条件。

其次为文学改革：大多数稍能涉猎西洋文学的，必能理解我国的文字，尚不足以应付生活上的需要，我国的古文为两千年前所形成的文字，这种文字到现在来如果要读通，最少要花费一个极长的时间，倘若要能够写作，那么需要更长期的训练，可是做的文章和讲的话，毕竟又是两件事体，念着文章，普通一般人们听不懂，所以这种文字实在是一种"死的语言"，如果是用来教育儿童，或是用来宣传大众，那是毫无用处的工具，尚在专制时代，早已经有人感觉到改革的需要，可是这种改革并没有成功。

何以在过去这种文字的改革不能成功？最大的原因是当时社会环境还实行科举制度，将社会划分了两个阶级，一方面是上层阶级，有智识的，做官的；而又一方面是下层阶级的民众，拉车的，卖豆腐的，缝纫的……。这种"我"和"他"的界限划分以后，于是形成彼此的观念。但是环境是这样，如果要做人上人，你得学做八股文章，写端正的小楷，读古文；至于白话文虽然和普通言语音义相同，写语体文是一种实用的文章；可是上层阶级的智识分子，大家目为那是下等社会人们的读物，要想阅报，做官，丝毫没有帮助，因此改革的结果，遂遭失败。白话文虽然提倡，但是做八股的还是做八股。又因为，白话文为一般看不起，所以连下层阶级的劳苦民众，如果自己有了儿孙，还是要送去学做八股的文章，而白话文的改革，其结局，没有方法不归于失败的。

近十余年来,白话文的提倡,所以先从这一点下手,打破"我们"和"他们"的区分,彼此合一。我们觉得中国须有"新文学",我们觉得白话文是"活的语言",我们为要打破社会的歧视,所以无论是诗歌,小说,戏剧,传记,……都用白话文来写,而过去有价值的白话作品,更使在社会有机会发扬光大,无论社会的上下层,大家都对白话文发生好感,并且在生活上去应用,是这样,文学才可以改革。而近十余年以来,我们都在从事这种工作。

白话文的"白话",和在两粤通俗所谓"白话"的意义,颇有不同,在两广说到"白话",意思就是指"广话"而言,这里面也有一个来源的;因为在从前表演粤戏的时候,舞台上表演的人,一方面是"唱",一方面是"白",所谓"白"就是"道白","道白"都是用"广话",这在大众听起来,"唱"的有时不会懂得,却是"道白"的,往往听得清清白白,所以"广话"又叫做"白话",但是在白话文所谓的"白话",其意合"普通话"(或叫官话)相同,我国全国为同一的民族,是应该有同一的语言,这就是所谓"国语"。至于凡是可称做"国语文"的,必须具有两种条件:第一是全国流行最广,大家最容易懂得的方言,第二,要有写作的形式之标准,使大众易学易教。这几乎是全世界相同的道理,好像从前欧洲西部多用拉丁文字，但到现在，意大利就用意大利的语言文字，法兰西有法语法文，英国和德国也有其国语国文。但是意大利、法兰西、英、德等国，其国语的成文，也不外上述这两个条件，即要在全国流行最广和有其写作的形式。

在中国，语言方面流行最广的就是"白话"或叫"官话"，又叫"普通话"，我们试一看丁文江和翁文灏所制的《中国语言分布图》，我们就知道"普通话"在中国流行范围的广大，从北到俄边哈尔滨，由东三省而万里长城，长江一带，南到与安南毗连的云、贵；从东边南京起到西边的四川止，我们统观中国东南西北这一个大区域，那么包括了东三省，黄河流域，长江流域（江苏一部），云南，贵州和广西的一部，所以"普通话"流行的地方，在我国本部占百分之九十以上，各处流行的"普通话"，虽然未尝没有多少出入，但是大同小异，都可以说是"普通话"，因此用"普通话"求做"国语"的标准，已经具备了第一个资格，至于第二个资格，也就颇有把握，近五百年以来，民间流行的有唱戏的戏本或说书的曲谱，都是由"普通话"而变成写作的形式，里面有浅显的人人可懂的，好像父母子女的欢态，爱情的，诉苦的描写；有歌唱有骂语……的表述，这些在古典的文学里是找不着，恋爱的诗歌，听了以后令到个个会动情，倘若是要用古典的文学来表达，那么值得要先下一番苦功，专心研究了二十年以后才读得到。

至于我国的方言，口中所讲的语言，能够表现写作形式的，共有三种：一是广东话即粤语，在文艺上有相当价值的写作，就是"粤讴"，二是苏州话即吴语，吴人常将口中的言语记载而成戏曲，说白，和小说；三是北方官话，这种语言所产生的文学作品很多，好像《红楼梦》，《三国志》，《西厢记》，《封神》等。是从三四百年以前直流传到现在，为我国社会上最通俗的小说，几乎个个都读，一提起来个个都知道，所以在写作的形式来讲当然也以普通话为最佳。

广话和吴话的写作形式，因为有许多地方并不流行，而且在写作形式中有许多文字缺乏，不敷生活上的应用，后来自行创定，音声使与方言一致，好像"没有"粤语写作"乜"，"这么"粤语写作"咁"，这样自制的新字，在粤语中很多很多，不下百十个。同时在吴语也是陷于同一的情状，为使"语"与文一致，也创制了好些新字，好象"不要"吴语写作"嫑"，"不曾"，吴语写作"朆"，诸如此类的不少，在官话中，从前"这个"的"这"字是没有的。初时大家想用"之乎者也"的"者"字来表示，觉得不大好，后来又想用"遮太阳"的"遮"字来表示，也觉得麻烦，唐宋以后，用"赵"字来表示，到最近才演进而为"这"字。又好像，

"你看好不好呢"的"呢"字，从前也没有的，唐宋时代，以"聻"字代表，好不费力，后来有些人用"呢"来表示，较为轻便易写，于是就成立，沿用至今。从上所述，就可见到一字的创成，实在也不容易，而一种语言的成为国语，自然也并不是偶然的。官话的演进到了现在，所以能够流行很广，其功效也颇得力于《三国志》《西厢记》《红楼梦》……几种著名的小说，在数百年长时期深入民间的宣传。

文字的改革能够彻底，非做到全国普遍的流行，和文学的内容充实不可，现在想要全国一致的以"语体文"为文学上惟一的工具，大家运用它来表达内心所蕴藏的思想、智识……，感情，除了在学校里教科书要采用它外，并且在课外方面的读物，一切文学上的材料，都用"语体文"来做标准，用它去代替了古典文学的地位，能够这样地做到了这些工作使"白话文"成为全国最通行的语言和文字。

而且这些语言文字才属诸大家所有；并且成为全国最良好的宣传和教育工具，这些应是文学革命的理论所在，文学革命的历史，在此不赘；但是，从民十一年到现在，这十二年当中，全国刻刻在施行"国语教育"，成绩也颇有可观，这次我在香港，广州各处演讲不用翻译，这便是一个例证。我们希望"国语文"成为全国的教育和宣传的工具，同时它也就是统一全国应该着手的初步工作，记得当我们提倡"白话文"的时候，曾引起了社会上许多的人士反对，但是一种思想、言论、主张，固然恐怕没有人们赞同，更怕没有人家反对，最怕人家不声不响地放到字纸篓去。新的文字，活的语言，在这个时代已经是非常地需要着它，所以从民国八年以来，越是反对和宣传，就是像广告一般的越是传播，唤起了全国的注意，而反时代的旧文学日渐没落，新文学的内容日渐充实，利用日增，造成了中国文学历史上的再生时期，给予社会各方面以一种复活的影响。

三为社会改革：全国在这个时期，旧社会各方面都发生了动摇，而趋向大众化的途径。最明显的因新思想的介绍，而产生了思想上的改新，一方面有十九世纪欧美的民主立宪思想，一方面有社会主义，和共产主义的思想，又一方面输入了最近欧洲的独裁政治思想。在二十世纪世界思潮，从最左倾的如共产主义到最右倾的独裁政治思想，中国无不应有尽有。非独思想方面如此，在经济组织方面，在社会积习方面也引起了莫大的革新，社会改革的范围很广，别的且不多讲，就是个人的容仪方面也掀起了极大的变动，由剪发，衣服改革，直到裸体运动，五花八门都像雨后春笋般的勃发，在妇女方面，如女子现在也在社会有相当的地位，可以参政，男女可以同学，有受同等教育的机会，回想提倡男女平权，男女同学到现在已经有十余年，而这种风习到现在，普及了全国。在民十六七年的时候,全国大学男女同学的仍是很少,但到现在,全国高等教育的机关,男女分校的却是寥若晨星,如今试统计全国女子大学不过是有两处,从男女授受不亲转变到现在的情状,所以实在是社会上一种极大的变革,其他,在民法和刑法上也有了改革,现在女子也可以和男子一样,有享受承继财产的权利,在婚姻方面也有了改变,结婚离婚都比较从前容易,此外,一切在社会上足以妨碍进步、不合人生的要求,违反公众福利的制度和习惯,都渐渐淘汰了许多,而现在中国社会的改革,依旧还在迈步进行着。

四为学术改革:我国在历史上,每一个朝代都有一次再生运动。试观由唐到宋,由宋到明便是很好的例证;但是每次的再生运动,都不能使中国返老还童,达到再生的时代。而欧洲十五十六世纪的再生运动能够做到了使欧洲衰老的民族复活,因为西洋再生时期,除了政治,文学,宗教,社会,……的积极改革外,还加上了一种重要的返老还童底药针,这就是新科学的提倡和发扬。在宗教方面有德国的马丁路得和法国的加尔文等创行新教,在科学研究方面就有哥白尼,伽利略和英国的牛顿相继的研究和发明,因为欧洲有了新科学的研究,然后其再生运动不仅限于复古,恢复从前希腊罗马时代的文物,而运用这个的新的工具,更进而谋创造新的文明，所以到了十八世纪以来，新科学倡明，生产方法改良，新工业得以加速进展，发出了世界新的光芒，造成了社会组织的新基础，而欧洲的再生运动，才得到开花结果。

学术上的改革，新科学的提倡，这实在是返老还童最强而最有效力的药针，它能加强和充实新生命的血液，可是它不容易使人得以窥见，在政治，文学，社会上的改革，往往有形式的表现，但是学术上的是潜在的，假如我们不是加以注意，那就不容易觉得！可是，在二十三年以前，我国没有一个自行研究科学的机关，也没有一间纯粹研究科学的大学，但是，到现在来，情形就是不同，各省大学及关于学术研究的机关，纷纷成立，并且从科学智识的接受更进而作创造的研究，过去我国历史上也曾有过科学的再生时期，一般读书人致力于"格物穷理"，但是因为没有科学的背景，行而不通，于是却步不前，达于学术的没落时代；但是现在的环境已经不同，我国受到了这个新刺激，一般人们已深深地明了科学的真价值，社会正需要这种新工具，大家正在努力于科学的设备和其方法的应用，所以学术上的发展，得以一日千里。在这二十余年来，我国在科学最有成绩的就是地质学，世界上如欧西各国研究地质学有了两百年的历史，我国现在以二十年的努力，竟获与世界地质学的知识并驾齐驱。

在生物学方面，国内一般生物学者的拼命努力，亦已上了正轨，此外在物理，化学，医药等，我国皆有长足的进步，自然科学以外好像历史学，音韵学，语言学，考古学皆表现很好的成绩，虽然为时较暂，尚不如欧西的进步，但是为中国数千年来所仅见的现象。

我们看到近二三十年，中国无论政治，文学，社会，学术各方面积极改革，我们知道中国已是再生时期的到临。这个复活时代，而现在正在开始萌发，因为外在的新刺激强大，而内在的潜力膨胀，所以这个再生时期为历来所未有，最少，其前途的进展，可与欧洲的再生时期的洪流相比。

中国的再生时期，而现在是开始，将来其创造与改革，必将随洪涛而继涨增高；而我们一般中年人所能效力的时间已很短促，兹次再生运动是失败或成功，是在一般青年们如何的努力和前进！

（本文为1935年1月12日胡适在广西梧州市中山纪念堂的演讲，梁明政笔记，原载1935年1月22日至25日《梧州日报》）